まえがき

　学校給食は、栄養バランスのとれた食事を提供し、児童生徒の心身の健全な発達を図ることはもとより、食に関する指導に活用することで、栄養バランスや衛生管理、食事のマナー、食文化などについて体験を通して学ばせるなど、多様で高い教育的効果が期待されます。

　このため、文部科学省においては、より安全で安心な学校給食の提供の観点から、平成21年4月に施行された改正学校給食法に「学校給食衛生管理基準」が位置づけられたことを踏まえ、各教育委員会等に対し、同基準の遵守を図るとともに、平成19年度に「学校給食調理場における手洗いマニュアル」、平成20、21年度に「調理場における洗浄・消毒マニュアルPartⅠ、PartⅡ」を作成し、学校給食施設での活用を推進することを通して衛生管理の充実を図ってきました。これらの取組や関係者の努力により、学校給食における食中毒は、平成21年度は1件、平成22年度は2件となっています。

　しかし、一方では、衛生管理に配慮するあまり、美味しさを損なう調理が行われているという状況も見られ、調理技術の向上が求められています。

　衛生管理と調理技術とは決して相反するものではなく、両者が共に向上してこそ、おいしい学校給食が安全に提供できるものと考えます。

　そこで、今年度は、「調理場における衛生管理＆調理技術マニュアル」として、検収室・下処理室における洗浄・皮むき作業から、調理室における切裁、調味に至る作業ごとに、科学的根拠に基づいた衛生管理と調理技術についてまとめるとともに、調理技術の問題等により発生したと考えられる食中毒事例等を掲載しました。

　各教育委員会等におかれましては、児童生徒に喜ばれるおいしくて安全な給食の提供のため、これまで作成した衛生管理に関するマニュアルと併せて、本マニュアルを学校給食関係者に対する研修会等に御活用いただくとともに、各学校給食調理場や学校給食委託工場等においても、広く御活用されますよう周知、指導をお願いします。

　終わりに、本マニュアルの作成に当たり、御尽力いただきました「学校給食における衛生管理の改善・充実に関する調査研究協力者会議」委員、その他写真撮影等に御協力いただきました関係者に対し、心から感謝申し上げます。

平成23年3月
文部科学省スポーツ・青少年局長
布村　幸彦

目　　次

第1章　「学校給食（大量）調理」の基本的な考え方 …………………………………………… 1
　　　大量調理に役立つ調理科学 ……………………………………………………………… 2

第2章　検収室・下処理室における衛生管理＆調理技術マニュアル ……………………… 8
　　1　「野菜の皮剥き・洗浄」の基本的な考え方 ………………………………………… 8
　　　（1）根菜類の洗浄・皮剥き ……………………………………………………………… 9
　　　（2）葉菜類の洗浄 ………………………………………………………………………… 10
　　　（3）果菜類の洗浄 ………………………………………………………………………… 11
　　　（4）果物及びミニトマトの洗浄・消毒 ………………………………………………… 12
　　2　卵の処理 ………………………………………………………………………………… 13
　　3　下味の付け方 …………………………………………………………………………… 14

第3章　調理室における衛生管理＆調理技術マニュアル …………………………………… 15
　　1　切裁の基本的な考え方 ………………………………………………………………… 15
　　　（1）切裁機による切裁 …………………………………………………………………… 16
　　　（2）包丁による切裁 ……………………………………………………………………… 16
　　　（3）包丁の研ぎ方 ………………………………………………………………………… 17
　　　（4）野菜の切裁Ｑ＆Ａ …………………………………………………………………… 18
　　　（5）野菜の切り方 ………………………………………………………………………… 20
　　　（6）よく使われる切裁機器 ……………………………………………………………… 23
　　2　下準備 …………………………………………………………………………………… 24
　　　（1）「冷凍食品」の扱い方 ………………………………………………………………… 24
　　　　①　冷凍野菜の解凍 …………………………………………………………………… 25
　　　　②　むきえび・イカ・貝類の解凍 …………………………………………………… 26
　　　　③　肉、魚の解凍 ……………………………………………………………………… 26
　　　（2）乾物の戻し方 ………………………………………………………………………… 27
　　　（3）だし汁のとり方 ……………………………………………………………………… 28
　　　　①　かつおだし ………………………………………………………………………… 28
　　　　②　昆布だし …………………………………………………………………………… 28
　　　　③　混合だし …………………………………………………………………………… 28
　　　　④　煮干しだし ………………………………………………………………………… 28
　　　　⑤　鶏ガラや豚骨スープ ……………………………………………………………… 29
　　　（4）野菜のゆで方 ………………………………………………………………………… 30
　　　（5）調味料の使い方 ……………………………………………………………………… 33

第4章　調理形態別調理の衛生管理＆調理技術マニュアル …… 34
1　調理形態別調理における基本的な考え方 …… 34
- （1）麺類 …… 35
- （2）煮物 …… 37
  - ①　和風の煮物 …… 37
  - ②　洋風の煮物 …… 38
  - ③　ホワイトルーの作り方 …… 39
- （3）焼き物 …… 40
- （4）炒め物 …… 41
- （5）汁物 …… 43
  - ①　みそ汁 …… 43
  - ②　かき卵汁・卵スープ …… 44
  - ③　あく（灰汁）のとり方 …… 45
- （6）揚げ物 …… 46
- （7）和え物 …… 48
- （8）寄せ物 …… 49

第5章　その他 …… 51
1　保存食 …… 51
2　あったら便利な調理機器 …… 53
- （1）スチームコンベクションオーブン …… 53
- （2）真空冷却機・ブラストチラー …… 55
3　調理技術のワンポイントアドバイス …… 57

第6章　食中毒病因物質の解説 …… 60
1　ノロウイルス …… 60
2　サルモネラ属菌 …… 62
3　カンピロバクター …… 64
4　ヒスタミン …… 66
5　腸管出血性大腸菌O157 …… 67

第7章　調理技術の問題等により発生したと考えられる食中毒事例 …… 69
1　ノロウイルス …… 69
2　サルモネラ属菌 …… 70
3　カンピロバクター …… 71
4　ヒスタミン …… 72
5　腸管出血性大腸菌O157 …… 73
6　その他の要因 …… 74

第1章 「学校給食（大量）調理」の基本的な考え方

前提条件

① 食に関する指導の教材として活用できるものであること。
② おいしくて、栄養バランスに優れ、児童生徒が満足できるものであること。
③ 衛生的で、安心して食べられるものであること。
④ 学校給食衛生管理基準に基づき、調理を行うこと。

衛生管理

① 原則として、前日調理は行わず、全てその日に学校給食調理場で調理し、生で食用する野菜類、果実類等を除き、加熱処理したものを給食すること。
② 加熱処理する食品については、中心温度計を用いるなどにより、中心部が75℃、1分間以上（二枚貝等ノロウイルス汚染のおそれのある食品の場合は85℃、1分間以上）の温度まで加熱されていることを確認し、その温度と時間を記録すること。
③ 食肉類、魚介類及び卵は、専用の容器、調理用器具を使用し、二次汚染を防止すること。
④ 加熱終了後の食品は、素手で触らないこと。
⑤ 調理後の食品は、適切な温度管理を行い、調理後2時間以内に給食できるよう努めること。

調理技術

① 大量調理においては、日によって廃棄率や味にばらつきが生じないよう、機械への投入量、処理時間、だし汁や調味料の分量等を一定にするよう標準化を図ること。
② 野菜等の廃棄率は、日本食品標準成分表に記載されている数値と異なるので、調理操作の標準化を図ること（食品の購入量や調味料の使用量を一定にできる）。
③ 調理方法や給食を提供する児童生徒の実態を把握し、調味（味付け）の工夫を行うこと。
④ 配食時間に合わせて、調理に必要な時間を決め、加熱開始の時間や和え始めの時間を決めること。
⑤ 調理終了から給食までの時間が長いために起こる味等の変化を考慮し、加熱や調味を行うこと。

基本的事項

① 前日にミーティングを行ない、作業工程表、作業動線図に基づき調理作業の流れをシミュレーションしておくこと。
② 当日の調理作業を効率的に行うため、前日に作業工程表に基づき、各自が使用する機器や器具等の点検及び準備をしておくこと。
③ 調味料は事前に準備し、作業中の食品庫への往き来をできるだけしないこと。前日から用意する場合は、汚染されないよう調味料用の容器に入れ、安全に保管すること。

大量調理に役立つ調理科学

　学校給食は、共同調理場、単独調理場、さらに各々の規模（食数等）によって、施設・設備の状況、機械化の程度、調理担当者の人数などが異なります。すなわち一回の処理量、調理工程、加熱速度などの違いから、調理過程に生じる物理的・調理科学的現象も異なってきます。

　いつでも一定の品質のものを、安全でおいしく調理するためには、各々の調理場の施設・設備、調理機器の性能、調理時間などの諸条件を効率よく使って、調理の手順、調理操作、調理時間、温度などの「標準化」が必要です。

　以下、大量に調理したときに起こる現象を、標準化の要因を中心に述べます。

1　和え物・煮物の調味

　調味は、料理をおいしくするための調理操作です。調味料の分量や調味の方法は、食品の物理的、化学的変化に関係し、品質管理の重要な要素です。

（1）ゆで野菜の調味

　ゆでた野菜は、細胞膜の半透性が失われているので、調味液は拡散によって食品内部へ移動します。拡散は濃度の高いほうから低いほうへ移動し、時間とともに濃度差が小さくなります。

　ゆでた後しぼり操作をするのは、調味液を吸収し易くするためであり、しぼり加減は、味の付き方などに関係します。一定の味に仕上げるためには、しぼり加減を標準化した上で、仕上げの調味の割合を決めます。また、調味は供食直前に行います。

（2）和風煮物の調味は浸透と拡散

　食品の細胞膜の半透性がある生の場合は、調味料は浸透によって食品内部へ移動し、加熱によって細胞膜の半透性が失われると、調味料は拡散によって食品内部へ移動しますが、細胞膜の加熱による変性は60～65℃といわれており、実際の加熱調理では、細胞膜の変性とたんぱく質の変性及びでんぷんの糊化などが徐々に進んでいる中で、調味料は食品が加熱されるにしたがって、拡散によって移動します。

　調味料の拡散速度は、分子量が小さいほど速く、食塩の拡散はしょ糖の拡散の約4倍です。

　このため、食塩と砂糖で調味する場合は、砂糖を先に調味します。一般に言われている調味順序「さ（砂糖）、し（塩）」はこの拡散速度の違いからきております。また、「す（酢）、せ（しょうゆ）、そ（味噌）」は各々の香気を揮発させないように、加熱後期に加えます。

　加熱終了後においても、調味料の拡散は食品内部が均一になるまで続き、温度が高いほど速やかです。

　大量調理の煮物は一般に煮汁が少なく、加熱ムラや調味の不均一が起こるため、撹拌操作を行います。これらの問題に対応して、調味は加熱初期に行い、煮汁量の増加につなげます。

　煮汁が沸騰したら砂糖を加え、しばらくして食塩を加えます。香りを大切にしたい場合のしょうゆは一部を入れて、でき上がりに残りを加えます。また、余熱が大きいので、煮崩れを防ぐためにも8分通り煮えたところで消火し、余熱を利用することは、調味料の拡散のためにも有効です。

　特に、含め煮は加熱終了後も調味液に浸して、調味料の拡散を促すことでおいしくなります。

2 加熱調理
(1) 回転釜でゆでる

　回転釜は、材質と大きさ（容量）、熱源の大きさ（消費熱量）及びゆで水量によって実効的な熱容量が異なり、これらは加熱開始から沸騰までの時間、さらに食品を投入した後の再沸騰までの時間に関係します。

　また、各調理場の回転釜の熱容量は様々ですが、熱効率が高いのは釜の能力水量（調理可能な容量）の70％程度です。例えば90ℓの釜なら、調理可能な容量はその8割程度であり、その70％程度が最も熱効率が高いと考えられます。

　葉菜類は、各々の食品の標準的な加熱時間内に、ゆで水が再沸騰してゆで上げることのできる条件、すなわちゆで水量と投入量を、各調理場の加熱機器ごとに標準化します。その際、品質管理・作業能率・経済性を考慮して、可能な限り投入量を少なくし、ゆで時間を短縮することが有効です。加熱の温度と時間は組織の軟化と食味に関係します。

　緑黄色野菜を色よくゆでるには、ゆで水の1～2％の食塩水でゆでると、クロロフィルの安定化に役立つと報告されていますが、大量調理においては、大量の食塩を使用することや食品に塩味が付くことを考慮すると、加熱時間を短縮する加熱条件を検討することの方が、有効と考えられます。

　いも類、麺類などは、ゆで水に食品を投入後、再沸騰までの時間を短縮できる水量と食品の投入量を標準化すると、沸騰後の加熱時間を一定にすることができます。

　ゆで水の温度変化は、ゆで物の品質に関係し、ゆで水がある温度に達してから何分という考え方が必要な場合もあります。

　たとえば、固ゆで卵の加熱時間は、ゆで水が80℃に達したあと、沸騰時間を含めて12～13分ですが、卵が少量の場合、80℃から沸騰までの時間はきわめて短いため、この時間を無視して沸騰後の加熱時間で12分と指示します。しかし大量の場合には、80℃から沸騰までの時間が長いばかりでなく、加熱条件によっては80℃から沸騰に至るまでに、12分以上の場合も考えられます。そのため、80℃から沸騰までの時間の予測が必要になってきます。

　実験の結果、釜に卵と水を入れ、加熱開始から沸騰までの時間を実測すれば、80℃から沸騰までの時間を推定でき、固ゆで卵に必要な80度から沸騰までの加熱時間12分より、80℃から沸騰までの時間を差し引いた時間が、沸騰後の加熱時間になります。

〔計算例　水から沸騰までの時間が20分かかった場合：20分×0.4（実験により算出された係数）＝8分（80℃から沸騰までの時間）、12分－8分＝4分、つまり、沸騰後の加熱時間は4分となる。〕

　卵の量が多い場合、80℃から沸騰までの時間が12分以上のときは、沸騰後の加熱時間は必要ありませんが、必ず沸騰を確認する必要があります。95℃では不完全な固ゆで卵になることがあります。

(2) オーブンで焼く

　オーブン加熱は、庫内の空気からの対流伝熱と庫壁からの放射伝熱、天板からの伝導伝熱によって加熱されます。給食施設で使用されている機器は、従来の自然対流式のオーブン、庫壁にファンがついていて庫内を熱風が循環する強制対流式オーブン（コンベクションオーブン）、オーブンにスチームが組み込まれ、それぞれ単機能と同時併用機能を持っているスチームコンベクションオーブンがあり、それぞれ熱伝達（気体や液体と食品間の熱移動）が異なるので、調理における加熱温度（設定温度）や加熱時間が違ってきます。

自然対流式オーブンより、強制対流式のコンベクションオーブンの方が熱伝達率は高いですが、ファンの風速によっても異なり、スチームが加わるとさらに効率よく熱が伝わります。
　いずれも機種（メーカー）により熱伝達性が異なるので、各調理場の機器に合わせて、料理ごとに設定温度と加熱時間を標準化することが必要です。
　食肉類や魚介類は、高温で加熱して表面のたんぱく質を凝固させ、内部の水分や旨味成分などの流出を防ぎます。焼き色は食品の表面の水分が蒸発し、高温になるために焦げることによってつくので設定温度が関係し、水分の蒸発量は加熱時間の影響が大きくなります。すなわち高温、短時間の加熱が望ましく、オーブンにスチームを加えたコンビモードでは、スチームなしと比較して熱伝達性が高くなります。そのため、食品の内部温度上昇速度も大きく、加熱時間が短縮され、水分蒸発量も少なくなります。焼き色をつけずに短時間で加熱したいものや、水分蒸発を少なくしたい料理に向いています。スチームコンベクションオーブンは焼く、蒸す、煮るなどの多様な調理機能を備えていますが、料理ごとに調理機能の選択、設定温度、加熱時間、調理工程などを標準化し、マニュアルを作成しておくことが望まれます。

（3）小麦粉を炒める（ルーの調製）

　バターを溶かして香りが出たら小麦粉を加え、撹拌しながら加熱を行うと、粘りのあるクリーム状（40℃）から、バターの水分の気化により泡だちはじめ（100℃）、泡だちが弱くなってゆるやかになり（110℃）、水分蒸発が終わり、さらさら状態で、色がつかない程度まで炒めたもの（約130℃）がホワイトルーです。加熱温度が120℃以上になると、小麦粉のグルテンは熱変性し、でんぷんは膨潤することなく粒形を保っているので、ルーはさらさらした性状になります。さらに炒めていくと、うすいきつね色になり、芳ばしい香りがでてきます（140℃）。さらさらした流動状になり、着色が進み（茶色）、香りも増してきたところまで炒めたもの（180℃）がブラウンルーです。
　ブラウンルー（180℃）は、ホワイトルー（130℃）より、さらに小麦粉のたんぱく質が熱変性し、たんぱく質の変化が独特の風味となります。いずれも緩慢に加熱（弱火でゆっくり時間をかける）した方が、なめらかなさらりとしたソースになります。

○焙焼小麦粉（ローストフラワー、焙り粉）の調製
　洋風料理のスープや煮込み料理、ソースの濃度づけに用いられるブラウンルーは、油脂の使用量が多いことや、長時間撹拌しながらの加熱を必要とするため、作業量の面での問題があります。
　ルー調製の別の方法として、小麦粉を天板に入れ、オーブン190℃で60分（米ぬか色まで）焙焼する方法は、作業能率面からも良い方法です。また焙焼小麦粉は、料理の仕上がり直前にスープで溶き入れるので、煮込み時間中の焦げつきをさけるための撹拌操作の必要がなく、嗜好面からもブラウンルーに代わり得るものとして使用されています。

（4）フライヤーで揚げる

フライヤーは自動温度調節式のものが多く、一度に大量に均一に揚げることができます。

箱形の油槽が1槽と2槽以上のものがあり、油槽の中段に燃焼パイプがあり、パイプの上部は熱対流が活発ですが、パイプ下部の油は加熱されず100℃以下であるため、揚げかすは下方に落ちます。自動フライヤーは油が一定の温度（設定温度）に達すると、サーモスタットにより、一定温度が維持されるようになっています。揚げ材料投入後、油温が低下すると油温を回復させるために燃焼が活発になりますが、消費エネルギーは一定であるため、投入量が多く、油の温度降下が大きい場合は、温度回復も遅れ、揚げ時間が長くなります。

揚げ油の温度変化は、吸油量や揚げ物製品に関係します。

揚げ物の標準化は、各々の揚げ物に対して油量、油の設定温度、一回の投入量を標準化して、揚げ時間を決めます。また品質管理、衛生管理の面からも、揚げ始めの温度を一定（確認）にすることが重要です。

○揚げ条件と吸油量

揚げ物の吸油量は、種々の要因による変動が大きく、吸油量に関する要因は揚げ材料の表面積、衣の状態と分量、油の劣化度、油の温度変化、揚げ時間などです。なかでも揚げ条件、すなわち油の温度と投入量及び揚げ時間の影響が大きくなります。吸油量は揚げ物の品質管理を前提に、種々の要因を一定に、また標準化した上で考える必要があります。

じゃがいもの素揚げは、揚げ油の温度降下が大きい程、吸油率は高く、揚げ材料の5～6％です。

＜から揚げ＞

魚肉類に、小麦粉やかたくり粉をまぶして揚げる、から揚げは衣の水分が少ないため食品の表面が脱水、吸油されます。吸油率は揚げ条件による影響が大きく、また食品材料が熱の影響を受けるので、脂質含量の少ないものの方が吸油率は高くなります。脂質含量の多い豚ばら肉のようなものでは、食品中の脂質が揚げ油へ移行して、吸油率がマイナスになるものもあります。

＜パン粉揚げ（フライ）＞

フライの衣の材料は小麦粉、卵、パン粉ですが、卵を水で希釈して卵水にする場合、卵水に小麦粉を混ぜて用いる場合と卵だけの場合があります。各々パン粉の付着量が異なり、吸油率は衣全体の分量が多いものほど高くなります。フライの吸油量は揚げ条件に加え、揚げ材料と衣の扱い及び衣の量による影響が大きいといえます。

＜天ぷら＞

衣の配合（卵と水及び小麦粉）、性状及び衣のつき方（分量）など、吸油率の変動要因が多岐にわたる上に、調理場により揚げ物機器、揚げ条件も異なるので、揚げ材料（衣の扱い方や分量）と揚げ条件など、可能な限り標準化します。その上で油の使用前後の重量"油の減り"から推定することもできます。

表1 調味料の割合・吸油率表 ＜揚げ物＞　　素材重量100gに対する下味と衣材料の重量割合（％）

種類	「素材＋衣」100gに対する吸油率	塩	しょうゆ	小麦粉	卵	パン粉
素揚げ	10%	0.6				
唐揚げ、衣揚げ	10%	0.6		5	5	
唐揚げ（しょうゆ味）	10%		4	5		
天ぷら・普通衣	10%	0.6		5	5	
天ぷら・厚い衣（かき揚など）	15%	0.6		8	8	
フライ・普通衣	10%	0.6		5	5	5
フライ・厚い衣（串カツなど）	15%	0.6		8	8	8

※天ぷら・フライの吸油量は、素材と衣の合計重量に吸油率を乗じる

平成19年国民健康・栄養調査　調味料の割合　吸油率表（厚生労働省）

○"油の減り"と吸油量

　揚げることによって減少した油量を実測し、揚げる前の揚げ材料の重量に対する割合でみると、フライヤーではじゃがいもの素揚げ5〜6％、魚フライ・豚カツ10〜15％、いかリングフライ20％でした。

　実際に定量した吸油量との間には高い相関が認められ、吸油量は実測値のおよそ80％と推定できます。

　実測値に含まれるものは吸油量（揚げ材料に吸収又は付着したもの）と揚げ操作中に飛散、揮発したもの、油きりバットに落ちたもの等です。

（5）炊飯

　炊飯の基本は、大量炊飯も少量炊飯と同じですが、大量に炊飯することによって起こる現象を炊飯の基本にどのように適用させるかについて、検討することが必要になります。

① 洗米

　洗米は、ぬかやゴミを除去する操作ですが、洗米による米の変化は、炊き上がりの飯のおいしさに影響します。洗米機の1回の洗米量は、1釜の炊飯量に合わせて洗米したほうが作業の標準化が容易になります。また洗米量が多くなると洗米時間も長くなり、砕け米の率が高く、炊き上がりの飯がべたついたものになります。

　水圧式洗米機の洗米時間は、1回4〜5kgで2〜3分が標準ですが、洗米時間が5分以上になると吸水した米粒が砕けやすくなります。

　手で洗米する場合は4〜5分で、この時間内に洗米できる米の量は3〜4kgが限度です。これは洗米に必要な給水能力も関係します。

　洗米操作で流出する固形物（胚乳成分に近い組成）、ビタミン等の栄養成分を考えると、洗米時間はできるだけ短くすることが望まれます。

② 米の浸漬

　米の主成分であるでんぷんを糊化（α化）させるためには、米粒の中心部まで吸水させる必要があります。

30分間浸漬では急速に吸水された水によって、でんぷん粒、細胞は膨潤します。2時間浸漬ではかなり多くの水が中心部まで取り込まれ、飽和の吸水状態（米の約30％）になり、30分間浸漬とは明らかな差がでます。そこで浸漬は30分以上2時間程度とされています。

　一方、大量炊飯では作業上の制約から、洗米後浸漬しないでざるに上げ、約60分間程度放置した後（この間、米の表面の付着水約10％が吸水される）、炊飯する場合もあります。

　大量調理では少量調理に比べて、釜の温度上昇が緩慢であり、沸騰までの間に米のでんぷんの糊化に必要な水分を吸水することができるので、浸漬した米に近い飯になります。

　しかし、時間が経過すると食味テストでは、浸漬した飯の評価が高い結果となりました。

③　加熱

　大量炊飯では、点火後沸騰に至るまでの時間の管理が重要になります。沸騰までの時間は少量炊飯と同様に10～15分が適当とされています。一般には1釜の炊飯量を炊飯容量の80％（5kg炊きの場合は4kg）にすると、この範囲の時間になります。

　米の加水量は米の重量の1.2～1.4倍に炊飯中の蒸発量（米の重量の6～10％程度）ですが、炊飯機器、炊飯量、浸漬時間によっても異なるので、各調理場で標準化する必要があります。

　沸騰状態（98℃以上）を15～20分継続した後、10～15分間蒸らすとおいしい飯になります。

　大量炊飯では少量炊飯に比べて蒸発量が少なく、加水量が少ないため、沸騰までの時間が15分より長くなると、沸騰時点で米に吸水されずに残っている液体がなくなってしまいます。そうなると釜内を十分に沸騰状態にすることができず、釜の上・下層部による飯の水分含量や固さの差ができます。

　自動炊飯器は、炊飯要領をもとに作成されたものですが、おいしい飯にならない場合は、炊飯量、加水量、浸漬時間、加熱の過程を観察し調整します。

　回転釜による炊飯や、炊飯量が多く、沸騰までの時間がかなり長くなる場合は、湯炊きにします。この場合、洗米後水切りして、付着水を吸水させておくことが必要です。湯炊きでの加水量は、攪拌操作による蒸発量と洗米及び水切りによる吸水量を、考慮した分量とします。

　回転釜における湯炊きは、沸騰までの間（10～15分）に1～2回攪拌して釜内の熱の分布を均一にするとともに、鍋底に張り付いた米をはがします。沸騰後は火加減を中火～弱火に調整して、沸騰状態（98℃以上）を10～15分継続し、10～15分蒸らします。

女子栄養大学名誉教授　殿塚婦美子

第2章　検収室・下処理室における衛生管理＆調理技術マニュアル

1 「野菜の皮剥き・洗浄」の基本的な考え方

皮剥き・洗浄の目的

* 食品に付着している泥やほこりなどの異物や有害微生物をできるだけ減らすこと。
* 野菜の皮や芯、種など、料理に使用しない部分を除去すること。
* 衛生的で食味上も好ましい状態にすること。

衛生管理

① 泥つきの野菜については、検収室の泥落としシンクや球根皮剥機で泥を落としてから、下処理室に搬入すること。
② 野菜や果物の洗浄は、3槽シンクで確実に洗浄し、非汚染作業区域（調理室）に渡すこと。
③ シンクの大きさに合わせ、食品の入れすぎによる洗浄不足に注意し、水の循環をよくしながら、十分な流水で確実に洗浄すること。
④ 果物や汚染度の低い野菜類を先に、汚染度の高い野菜類を後に洗浄できるよう、作業工程を工夫すること。
⑤ 葉物野菜は1枚ずつバラバラにし、虫が付着していないことを確認しながら、丁寧に洗浄すること。
⑥ じゃがいもの芽、皮の緑の部分は丁寧に取り除き、えぐ味成分の除去及びソラニン等による食中毒を防止すること。

> **ジャガイモの喫食によるソラニン類食中毒について**
> 厚生労働省医薬食品局食品安全部監視安全課長通知（H21.8.10）より
>
> 1 小学校内や家庭菜園等で栽培された未成熟で小さいジャガイモは、全体にソラニン類が多く含まれていることもあるため喫食しないこと。
> 2 ジャガイモの芽や日光に当たって緑化した部分は、ソラニン類が多く含まれるため、これらの部分を十分に取り除き、調理を行うこと。
> 3 ジャガイモは、日光が当たる場所を避け、冷暗所に保管すること。

調理技術

① 野菜の皮、芯や種など、廃棄量を最少限にとどめること。
② 洗浄後の付着水をできる限り少なくすること。
③ 野菜などの鮮度を保つため、洗浄時の水温は、夏の水温（20～25℃）以上は上げないこと。
④ 野菜の種類によって、球根皮剥機、手剥きピーラー、包丁を使い分けること。
⑤ ごぼう等のあくの強い食品やじゃがいも等のでんぷんの多い食品は、褐変防止のため皮を剥いた後、水に浸すこと。

（1）根菜類の洗浄・皮剥き

調理のポイント

- 球根皮剥機にかけるもの、手剥きするものを決める。
- 球根皮剥機にかける投入量と時間を標準化する。

球根皮剥機

⬇

じゃがいもやたまねぎ等、球根は球根皮剥機

⬇

長く機械にかけない

表1　操作時間による廃棄率
（ジャガイモ8kg使用）

操作時間	廃棄率	芽取り廃棄率	廃棄率合計
2分間	4%	4%	8%
4分間	13%	4%	17%

　操作時間を長くすると廃棄率が高くなりますが、その後の芽取りにおける廃棄率は変わりません。
　操作時間は最少限にとどめるようにしましょう。

調理技術

① 球根の廃棄率を考慮し、1回の投入量と操作時間を標準化しておく。
（投入量は取扱説明書の70%程度を目安とする）。
② 芯や芽取りは包丁などで行う。
じゃがいもの芽や緑の部分は丁寧に取り除く。

手剥き

⬇

だいこんやにんじん等、根菜は手剥き

⬇

機械にかけると

　球根皮剥機を使用しただいこんは、手剥きに比べ表面が傷んでいます。

表2　だいこんの廃棄率
（だいこん5kg使用）

	球根皮剥機	手剥き
廃棄率	8%	4%

　球根皮剥機の方が廃棄率が高くなっています。

調理技術

① 長いものや大きいものは、持ちやすい大きさに切ってから、皮を剥く。
② 芽等も取り除く。
③ ごぼうの皮は、廃棄率を下げ、栄養量、香りを残すなどの理由から、包丁の背でこそぎ取る。

衛生管理

① 泥や細菌に汚染された洗浄水によって周囲に汚染を広げないため、球根皮剥機は検収室に設置し、使用中は蓋をする。
　手剥きの野菜は、検収室のシンクで泥を落としてから下処理室に持ち込む。
② 皮剥きをした野菜の受けかごは、直接床に置かない。
③ 皮付きの野菜と、皮を剥いた野菜は同じ作業台にのせない。
④ 皮剥き後は、水を循環させた3槽シンクでこすり洗いをする。

(2) 葉菜類の洗浄

調理のポイント

・泥や虫などを確実に除去できる方法を選択する。
・洗浄時には適切な水温で洗う。

こまつなやほうれんそう等

根を落として洗浄

刻んで洗浄しない理由

・刻んで洗浄すると、茎をこすり洗いできないので汚れ落ちが悪い。
・栄養素の流出が多くなる。
・異物の発見がしづらい
・吸水量、付着水が多くなる。
・作業効率が悪くなる。

衛生管理

① 根元には多くの細菌や泥等が付着しているので、根元を切り落とす。
② 茎の部分には泥等が残っているので、流水でこすり洗いをする。

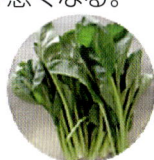

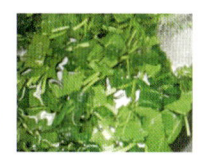

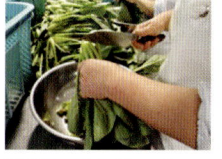

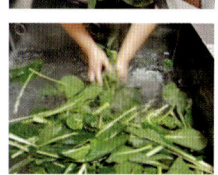

キャベツやはくさい等

バラバラにして洗浄

バラバラにして洗浄する理由

図1 キャベツの細菌検査結果

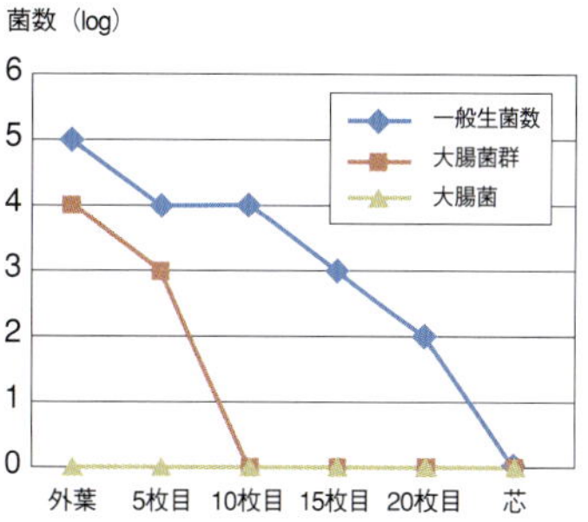
菌数（log）
6
5
4
3
2
1
0
外葉
5枚目
10枚目
15枚目
20枚目
芯
一般生菌数
大腸菌群
大腸菌

(独)日本スポーツ振興センター検査結果

産地や季節、栽培方法等による個体差はあるが、外葉側にいくほど細菌等による汚染がひどくなっています。

衛生管理

① 2つ又は4つ割りにして芯を取る。
② 葉をバラバラにして洗浄する。

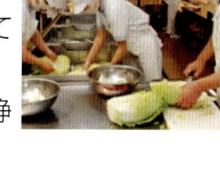

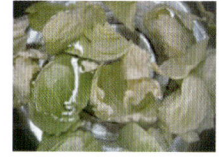

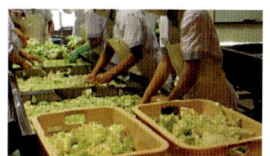

調理技術

① 廃棄量を少なくするように工夫する。

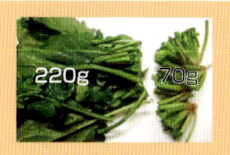

220g
70g

廃棄率　約24%

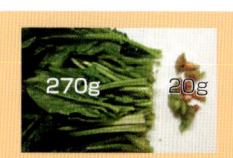

270g
20g

廃棄率　約7%

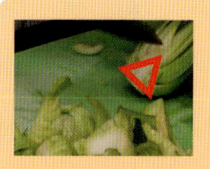

チンゲンサイの芯は三角形に切り落とす。

ひとことアドバイス

洗浄後の根元は揃えて調理室に渡すことで、切裁作業がやりやすくなります。

② 洗浄水の温度は20〜25℃（夏の水温）以上に上げない。
冬の水はしびれるほどに冷たいですが、湯での洗浄は野菜の鮮度を低下させます。

洗浄水の温度と野菜の鮮度

実験1：ほうれんそうをそれぞれの水温で各3回洗浄した後の状態

20℃
傷ついていない。

35℃
少し傷ついている

42℃
かなり傷ついている

洗浄水の温度と料理のでき上がり

実験2：実験1のほうれんそう50gを500mlの沸騰水で30秒間ゆで、水冷した状態

20℃
しゃきしゃき感がある

42℃
しゃきしゃき感がなく、軟らかい。

野菜には大腸菌が多い？

「平成21年度食品の食中毒菌汚染実態調査の結果について」
　　　　　食安監発0330第2号　平成22年3月30日
表3

検体名	検体数	検査結果 大腸菌	検出割合 %
みつば	67	30	44.8
もやし	120	51	42.5
キュウリ	107	17	15.9
カット野菜	156	20	12.8
レタス	115	12	10.4

※中央卸売市場等を含む19自治体の流通食品

「生食用野菜における腸管出血性大腸菌及び
　　　　　　サルモネラの実態調査結果」
農林水産省プレスリリース　平成22年6月8日
表4

検体名	検体数	検出点数 大腸菌	検出割合 %
きゅうり	683	27	4.0
レタス	840	28	3.3
トマト	499	3	0.6

※国内主要産地ほ場から採取した試料

レタス、キャベツ、ねぎ、トマト及びきゅうりのいずれの試料からも腸管出血性大腸菌（O157及びO26）もサルモネラ属菌も検出されませんでした。しかし、糞便汚染の指標とされている大腸菌は、一部の試料から検出されました。

（3）果菜類の洗浄

きゅうり、ゴーヤ等表面に凹凸のある野菜は、専用のスポンジ等を用いて丁寧に洗浄する。

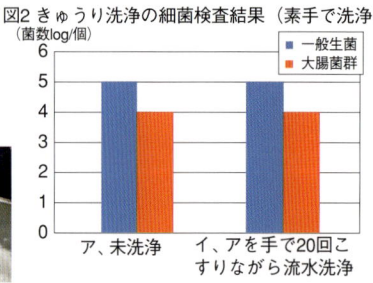

図2 きゅうり洗浄の細菌検査結果（素手で洗浄）
図3 きゅうり洗浄の細菌検査結果（スポンジで洗浄）

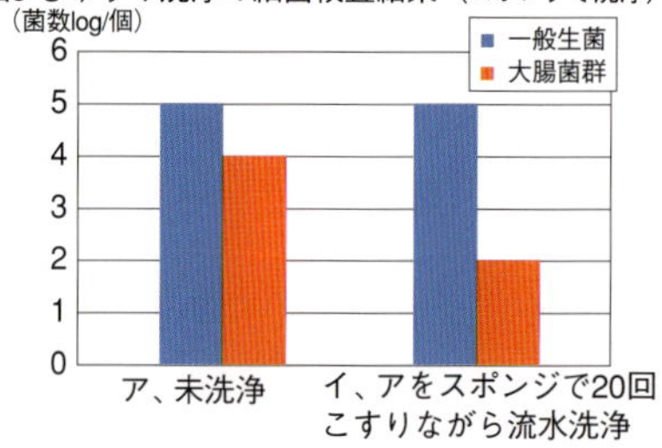

（独）日本スポーツ振興センター検査結果

きゅうり洗浄の細菌検査結果では、スポンジを使用した場合のみ、大腸菌群が減少しています。

（4）果物及びミニトマトの洗浄・消毒

調理のポイント

・生食する果物・ミニトマトの洗浄を確実にする。

衛生管理

① 生食する果物・ミニトマト等は、非加熱調理食品用洗浄ラインで洗浄する。
（専用のシンクがない場合は、下処理の最初に洗浄）

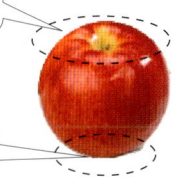
果柄部
花落ち部

細菌が多いとされる、果柄部、花落ち部を丁寧に洗浄する。

メロン果皮の細菌汚染状況

 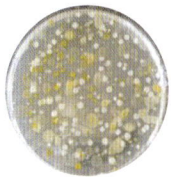 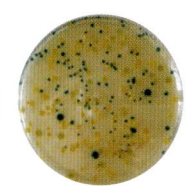

一般生菌数　　　　大腸菌群
5.8×10^5個/g　　3.7×10^3個/g

（独）日本スポーツ振興センター検査結果

② 果物は専用のスポンジを用いて丁寧に洗浄する。
③ 果物・ミニトマト等は必要に応じて消毒をし、流水で十分すすぎ洗いをする。
④ 洗浄後は十分に水切りをする。

ヘタの部分に細菌が多いミニトマト、細菌数が減少する洗浄方法は？

ヘタの部分

一般生菌数　　　　大腸菌群
1.0×10^6個/g　　1.0×10^6個/g

③のヘタを取って流水洗浄をした実は、①のヘタを取らずに流水洗浄及び②の200ppmの次亜塩素酸ナトリウムで消毒した実よりも、大腸菌群が減少しました。施設の状況に応じて洗浄方法を選びましょう。

実の部分

① ヘタを取らずに流水洗浄

一般生菌数　　　大腸菌群
1.0×10^6個/g　3.6×10^5個/g

② ヘタを取らずに流水洗浄＋次亜塩素酸ナトリウム溶液に5分浸漬＋すすぎ

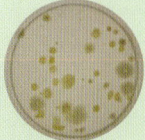 

一般生菌数　　　大腸菌群
5.4×10^3個/g　1.0×10^2個/g

③ ヘタを取って流水洗浄

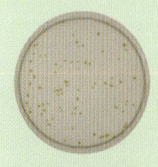 

一般生菌数　　　大腸菌群
9.3×10^3個/g　陰性

（独）日本スポーツ振興センター検査結果

2　卵の処理
調理のポイント

- サルモネラ・エンテリティディス（SE）を知り、卵にSEが存在する可能性を念頭において処理をする。
- 液卵を使用する場合は殺菌液卵を使用する。

サルモネラ・エンテリティディスとは

- 約2,500種類あるサルモネラの1種。
- 鶏卵1万個に1～2個程度のSE汚染卵が存在。
- 汚染卵中の菌数は数十個程度。
- 乾燥には強く、熱には弱い。70℃、1分で死滅する（75℃、1分間以上の加熱を確認すること）。

- 割卵によって卵黄膜が破れると、卵白中のSEが卵黄の鉄分や栄養素により、増殖しやすくなる。
- 十分な加熱により鶏卵中のSEが死滅しても、鶏卵を取り扱った器具、容器、手指からの二次汚染に注意が必要である。使用後は確実な消毒をすること。

衛生管理・割卵の手順

① 検収の際に品温をチェックし、外観（ひび割れ等）及び採卵日（消費期限）を確認する。
② 専用エプロンの着用及び使い捨ての手袋を装着する。
③ 下処理室の所定の場所で、卵専用容器と割卵用ボール等を使用し、割卵する。割卵の際は、殻の混入防止のため平面で割るとよい（割卵用ボールの側面を使うと卵殻による汚染の拡大を防ぐことができ、割卵の作業効率も上がる）。
④ 1個ずつ割卵用ボールに割卵し、鮮度や血液の混じりがないかを確認しながら、専用容器に移す（卵殻が混ざらないよう注意する）。この時、鮮度の悪いものや血液の混じったものは除く。
⑤ 割卵終了後、すぐに使用しない場合は原材料用冷蔵庫で保管する。
⑥ 使用直前に、専用泡だて器で撹拌する（この時点で原材料50ｇ採取する）。
⑦ 作業工程表に、卵の取扱者名を明記しておく。
※ 分解できないミキサーで鶏卵の撹拌は行わないでください。

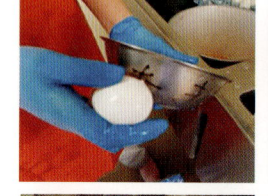 

GPセンター（グレーディング・アンド・パッキングセンター）
　鶏卵の格付け(選別)包装施設のことで、規格取扱上の卵重区分（SS、S、MS、M、L、LL）に分別されます。GPセンターでは、鶏卵の一時的保管、パック詰め、箱詰め、割卵及び凍結液卵製造、冷蔵などに対応し、流通の実質的中心になっています。GPセンターを経由しているものについては、一般的に洗卵及び消毒が行われていると考えられますが、経由していないものについては、洗卵・消毒済みを確認し、購入するようにしましょう。

3 下味の付け方

調理のポイント

・それぞれの食材や大きさ等で、調味料の浸透時間が違うことから、作業工程表などの記録をもとに、下味付けの標準化をしておく必要がある。

衛生管理

① 肉や魚の下味を付けるときは、専用容器の使用、専用エプロンの着用、使い捨て手袋の装着を徹底する。
② 肉、魚については、検収時に専用容器にあけかえる際、異物のチェックと併行して下味付けを行う（汚染作業区域と非汚染作業区域との間で食材を往き来させない）。
③ 原材料用冷蔵庫に保管する。
④ 作業に使用した容器は、調理場における洗浄・消毒マニュアルPartⅠP39を参照し、洗浄・消毒を行う。

調理技術

下味付けには、調味と臭みとりの効果があります。

肉の下味付け例

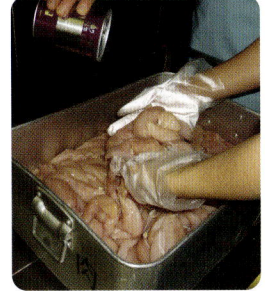

肉の大きさを均一にして納品してもらう。

⇒ 材料の0.5～1％の塩分の調味料で調味する。

魚の下味付け例

塩焼きの場合は材料の1％の食塩で調味する。

※焼き魚等で均一に振り塩をするのが難しい場合は、10～15％の食塩水に魚の厚さに応じて1～10分程度漬ける方法（立て塩）もあります。

表5 焼き物の調味の目安（下味）

料理名	塩分（％）
豚肉しょうが焼き	1.0
鶏肉照り焼き	0.5
ポークソテー	0.8～0.9
ハンバーグステーキ	0.5
魚塩焼き	1.0
魚ムニエル	0.6～0.8
魚照り焼き	0.5

表6 揚げ物の調味の目安（下味）

料理名	塩分（％）
さばの立田揚げ	1.0
豚肉の立田揚げ	1.0
カツレツ	0.5
魚フライ	0.5
じゃがいもコロッケ	0.5

検収室で下味付けを行う理由

・下処理室で食肉類や魚介類を扱うことにより、洗浄済みの野菜や果物等を汚染する可能性がある。
・調理室で下味付けを行うと
　① 食材を原材料用冷蔵庫に保管するので、汚染作業区域と非汚染作業区域を往き来することになる。
　② 食材を原材料用冷蔵庫に入れない場合は、常温放置になる。

第3章　調理室における衛生管理＆調理技術マニュアル

1　切裁の基本的な考え方

切裁の目的

* 硬いものを食用可能にし、口当たりや歯ざわりをよくする。
* 形や大きさを揃え、食べやすくするとともにでき上がりをよくする。
* 表面積を広げ、熱伝導や調味料の浸透をよくする。

前提条件

① 調理人数、調理時間、食品の量に応じて機械切り及び手切りを使い分けること。
② 切り方や大きさ、形などはでき上がりに大きな影響を与えるため、食品の特性や調理目的に合った切裁方法を行うこと。

衛生管理

① 切裁機器の刃、ベルト等、分解できる部品は分解して洗浄を行い、消毒保管庫や殺菌庫で保管すること。（調理場における洗浄・消毒マニュアルPartⅠ　P25参照）
② 包丁・まな板は、加熱用・非加熱用、用途別に区別すること。
③ 果物を切裁する際は、エプロンと使い捨て手袋を装着し、専用のまな板、包丁を使用すること。
④ 果物の配缶の際は、果肉と果皮がなるべく触れないよう工夫すること。

調理技術

① 切裁機器及び包丁は、常に切れる状態にしておくこと。
② 調理目的に応じて切り方や大きさを工夫すること。
③ 熱の通りや見た目を考慮し、なるべく材料の大きさを揃えること。
④ 調理目的に応じて繊維に平行に切る、直角に切る等工夫すること。
⑤ 切裁機器を使用する場合は、形が不揃いのものが出てきやすいので、確認し、必要に応じて包丁で切って形を揃えること。
⑥ 葉物野菜等はできる限り、根元と葉を揃えて切ること。

（1）切裁機による切裁

大量調理の課題	課題解決のポイント
① 手切りに比べて、切裁後に放水量（分離液）が多くなる食品がある。 ② 食品や切り方によっては、形や大きさにばらつきが生じやすい。	① 機械切りにむく食品、手切りが望まれる食品を使い分けられるようにする。（野菜の切裁Q＆A P18参照） ② 切裁機にかける前に包丁を入れて形を揃えておく。 ③ 切裁機のベルト上に食品を載せすぎないようにする。 ④ 形の不揃いや切りくずをチェックし、手切り等で修正する。

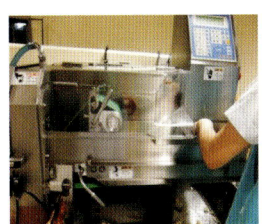 

衛生管理

① 原則として、汚染度の低い食品から切裁する。
（加熱調理後の食品や生食する食品から先に切裁するが、難しい場合は、食品残渣を取り除き、部品を分解して洗浄・消毒後使用する）。
② 切裁の際に周囲に食品や水が飛び散ると、床のドライ化を妨げる。水受けや移動シンクを活用したり、切裁機出口の角度を調整したりするなどの工夫が必要である。
③ 作業終了後、分解できる部品は分解して洗浄を行い、熱風消毒保管庫で消毒保管する。熱風消毒できないものは、次亜塩素酸ナトリウム200ppm溶液に5分程度浸漬し、すすぎを行った後、乾燥保管する。（調理場における洗浄・消毒マニュアルPartⅠ P25参照）

（2）包丁による切裁

衛生管理

① 包丁、まな板は、加熱調理に使用する食品用、加熱調理後又は生食する食品用と用途別に専用のものを使用する。
② 加熱調理後の食品や生食する食品を切る際は、消毒された包丁・まな板を使用する。

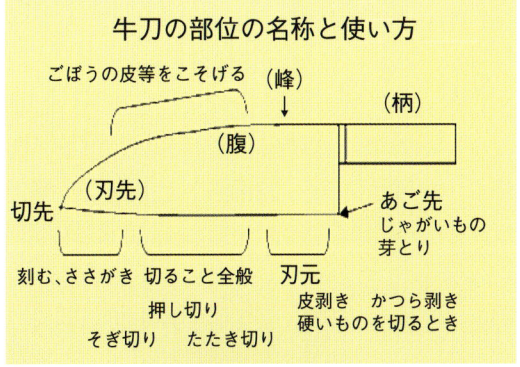

調理技術

① 食品の特性、調理法などにより用途に適した包丁を使って形や大きさを決め、安全かつ効果的に行う。
② 包丁にさびが付着したまま使用すると、鉄分が食品の表面に付着し、酵素類の反応を進めるとともに食品の味や色が悪くなる場合があるので、手入れをしておく。

（3）包丁の研ぎ方

多量の食品を切る場合は、包丁の切れ味が悪くなると、食品や調理の見た目を損なうだけでなく、作業能率も悪くなり、切る人の腕に負担もかかります。

包丁は、常に切れる状態にしておくことが大切です。

手順

① まず、研ぐ前に砥石を10分程度水に浸し、気泡が出なくなるまでよく水を含ませる。
※ 水分を十分に吸っていない砥石で研ぐと、熱が発生して、包丁の刃が柔らかくもろいものになってしまいます。
② 砥石が動かないよう濡れた布巾を敷いたり、砥石台を置いたりして固定する。

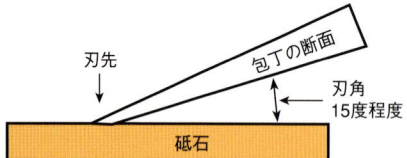

③ 包丁は刃の表を下にし、刃先を手前に向ける。
利き腕の中指、薬指、小指の3本で柄をしっかり握り、人差し指は包丁の背、親指は包丁の裏側の刃寄りに添える。
④ 利き腕の逆手の人差し指、中指、薬指の3本も包丁の裏側の刃寄りに添えて、角度を15度程度に保つ。
⑤ ④の状態で前へ押すときに力を入れ、手前へ引くときには力を抜く。これを刃の裏にかえりが出るまで繰り返し研ぐ。
⑥ かえりが出たら包丁を裏返し、今度は引くときに力を入れて、押すときに抜いて研ぐ。両刃包丁の場合は各面を同じ回数、片刃包丁の場合は表側9：裏側1の割合で研ぐ。片刃の場合はかえりが取れたら、研ぎ終わりとなる。

注意等

① 研いだ後は、だいこんの切れ端に磨き粉をつけて刃を磨くと、金気が出ず、臭いも取れる。
② 砥石の主な種類には荒砥石（切れなくなった刃物や刃が欠けた刃物を研ぐ）、中砥石（刃物をよく切れるようにする）、仕上げ砥石（最後の仕上げ）があるので、用途に応じて使い分ける。
③ スライサー等の切裁機器の刃も、定期的にメーカーに出して研ぐ等のメンテナンスが必要である。

(4) 野菜の切裁Q&A

Q1：手切り、機械切りでおいしさに差は生じるのか

さいの目切り（機械切り）のじゃがいもが入った煮物

形が均一ではなく、細かい切りくずも出てしまう。

煮崩れして、全体にじゃがいものでんぷんがからまる。

煮物等のじゃがいも
↓
・形や大きさが不揃いになる。
・切断面が崩れ、放水量（分離液）が多くなる。

せん切りのキャベツ

機械で切ったキャベツ　　手切りのキャベツ

小口切りのねぎやせん切りのキャベツ
↓
・機械でも手切りでも大きな違いが見られない。

　大量調理での切裁は、調理目的や食品の特徴に合わせて、機械切りと手切りを使い分けられるよう、献立の組み合わせや作業工程を工夫することが大切です。

Q2：切れる包丁で切るとおいしくなるわけは

切れ味の良い包丁　　**切れ味の悪い包丁**

切断面がなめらか　　切断面がでこぼこ

切れない包丁は食品の細胞を傷つける
↓
分離液（酵素も含む）が多量に出る
↓
空気中の酸素と反応して酸化等が進む

　大量調理では、一定量切りためてから加熱調理などを行うことから、包丁が切れない場合、この間に食品に変化が起こり、味にも影響します。また、切れ味の悪さは、食品を薄く切る、細かく切ることにも支障が出て、料理のでき上がりに影響します。

Q3；切裁後のあく抜きや褐変防止法は

▶ 褐変の仕組み

野菜や果物にはポリフェノール系化合物が含まれている。

↓

ポリフェノール系化合物は、空気中の酸素と反応して酸化され、メラニンなどの褐色の物質になる。

↓

この反応は野菜や果物が併せもっている酸化酵素（ポリフェノールオキシターゼ）によって進む。

| ポリフェノール系化合物 | 空気中の酸素 | 酸化酵素 |

3つの条件がそろうことで褐変が起こる

褐変しやすい食品	褐変しにくい食品
いも類　れんこん ごぼう　なす りんご　なし	だいこん　にんじん 葉菜類　いちご みかん

▶ 褐変を防ぐ方法

水につける
空気中の酸素を遮断する。

食塩水につける
食塩は酸化酵素の働きを阻害する。

酢水につける
pH3以下では酸化酵素は働かない。

食品を褐変化する3要素のうち、一つだけでも止めれば褐変は起こらない。それぞれの食品の特質、調理に合わせて、褐変を防ぐ方法をとる。

じゃがいも　水につける
じゃがいも中のチロシンが酸素に触れて褐色のメラニン色素を生じるので、水で酸素を遮断する。

さつまいも　水につける
あくの一種、タンニンも含むことから、あく抜きにもなる。

なす　水につける
食塩水にすれば、さらに酵素作用を抑制することができる。

ごぼう・れんこん　酢水につける
酵素作用を抑え、ポリフェノール系化合物の酸化による褐変を防ぐ。また、フラボノイド色素が、酸性では無色になるという性質を利用する。

りんご・なし　食塩水につける
食塩の酵素作用を抑える働きを利用。フルーツサラダに使用する場合は、他の果物缶詰の果汁につける。

▶ 褐変を防ぐ際の注意事項は

長時間つけない
　じゃがいもを30分以上水につけておくと、細胞膜のペクチンが水の中の無機質と結合して細胞膜を強化し、細胞内部のでんぷんが煮えにくくなる。
　また、果物を食塩水に長くつけておくと、塩味が付くだけでなく、水っぽい味になり、水溶性のビタミンも流出する。

濃度に気をつける
　食品の味を損なわないよう、食塩水は0.5～1％に、酢水も3％程度の濃度とする。

(5) 野菜の切り方

素材の性質や調理方法に合った切り方を選択し、料理に応じて厚さや大きさを決めて標準化しましょう。

小口切り

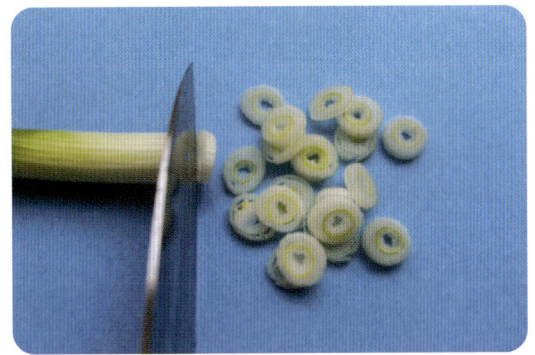

きゅうりやねぎ等、細長い食品を端から切る。

せん切り

薄切りにした食品を、端から細長く切る。幅1mm程度に均等に、千本の糸のように細く切るので千切りと呼ばれている。

輪切り

切り口が丸くなる食品に対して直角に包丁を入れて切る。火の通り、味の染み込みが均一になるよう、同じ厚さで切る。

みじん切り

細くせん切りにしたものを、さらに小口から細かく切る。粗めに刻むことを「粗みじん切り」という。

半月切り

食品を縦に二つ切りにし、切り口を下にして厚さを決めて端から切る。輪切りをさらに真二つに切ったような半月の形からこの名がついている。

短冊切り

だいこん等を5cm程度に輪切りにし、これを縦1cmの厚さに切り、さらに縦に薄切りにしていく。平たい長方形の形になる。

いちょう切り

いちょうの葉の形のように、切り口の丸いものを縦に十文字等に切り、端から直角に一定の厚さで切る。

斜め切り

細長い形のものを、斜めに切る。斜めが深いほど整った形になる。

乱切り

細長い形のものを、手で前に回しながら、斜めに切る。形は違っても大きさを揃えて切る。

ささがき

丸くて細い形のものを、筆を削るような要領で薄く小さく切り落とす。

拍子木切り

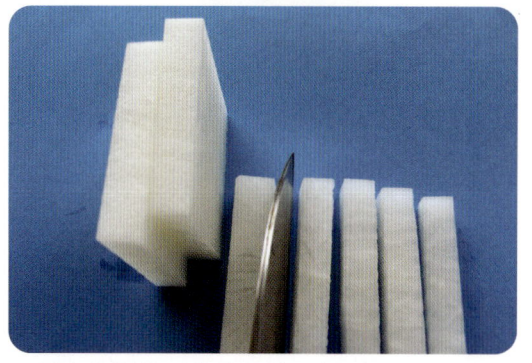

長さを揃えてやや厚めに切り、さらにその厚みと同じ幅に切り、拍子木のように四角柱にする。

さいの目切り

厚さを1〜2cmに切り、それを横にしてサイコロのような形になるよう、同じ厚さで切る。大きく切ると角切りとなる。

色紙切り

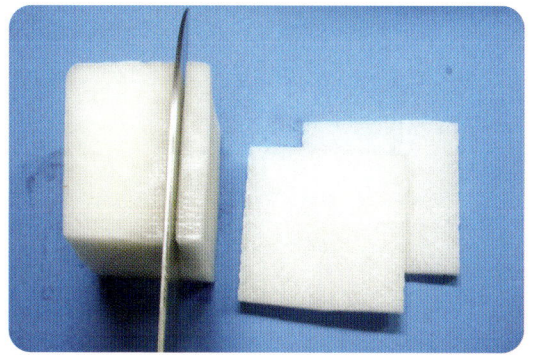

棒状の野菜を、周囲の丸みを切り落として四角に切ってから薄く切る。

ぶつ切り

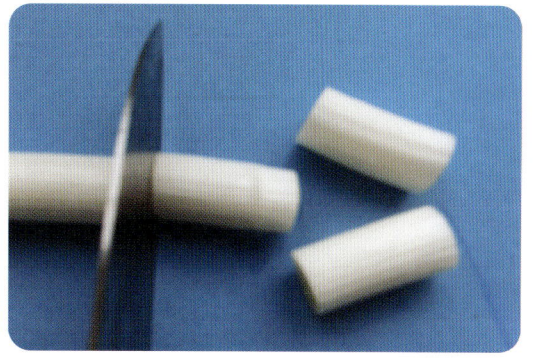

あまり形にこだわらず、適当な大きさにぶつぶつ切る。

ざく切り

キャベツや青菜を幅3〜4cmくらいに、ざくざく切る。

くし形切り

トマト等丸い野菜を縦半分にし、中央から等分に分けて切る。

料理に合わせた切り方を

 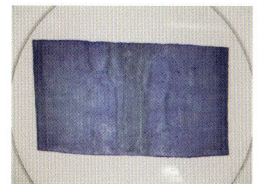

繊維に直角　　繊維に平行

繊維に直角に切ったものは、噛み切りやすさが特徴。平行に切ったものは、弾力性や歯ごたえが残る。料理に合わせて切り方を選ぶことが大切である。

たまねぎのみじん切りは

① 根元を少し残して、縦に細かく切れ目を入れる。
② 包丁をねかせて水平に2、3カ所切れ目を入れる。
③ たまねぎの端から細かく刻むと、細かいみじん切りができる。

（6）よく使われる切裁機器

品　名	大型スライサー	小型スライサー	野菜裁断機
製品外観			
能力 輪切り	1,020 kg/h	530 kg/h	200 kg/h
せん切り	720 kg/h	550 kg/h	300 kg/h
短冊切り	3,000 kg/h	1,240 kg/h	300 kg/h
ささがき	60～180 kg/h	40～80 kg/h	250 kg/h
食数目安	1,001食～	501～1,000食	～500食
概要	上下のコンベアーで食品を固定しつつ、一定速度で回転刃部に送り込んで切裁する。切り方の変更時は刃物交換、切厚の変更時は刃物交換と、コンベアー速度の変更が必要。		投入口から食品を押し入れて回転刃で切裁する。切り方の変更時は刃物交換が必要。手押しのため切厚の調整は困難。

品　名	球根皮剥機	さいの目切り機	フードカッター
製品外観			
能　力	皮剥き170～600kg/h	さいの目切り500～1,000kg/h	みじん切り2kg/分
概　要	投入口から食品を投入し、内部の回転ディスクとの摩擦で皮を剥く。頃合いを見て取出口から食品を取り出す。	投入口から食品を投入し、回転刃部の平刃・網目2種類のプレートでさいの目に切る。カットサイズの変更時には刃物の交換が必要。	食品を回転皿に投入して回転刃で切裁する。頃合いを見て回転を止めて取り出す。

2 下準備
(1)「冷凍食品」の扱い方

前提条件

① 施設の衛生面及び食品の取扱いが良好で衛生上信用のおける製造並びに食品納入業者を選定すること。
② 内容表示、消費期限及び賞味期限並びに製造業者、販売業者等の名称及び所在地、使用原材料及び保存方法が明らかで、可能な限り使用原材料の原産国についての記載のある食品を選定すること。
③ 食品は、過度に加工したものは避け、前処理をほどこし、品温が－15℃以下になるように急速凍結、包装（又は箱詰め）されたものであること。
④ 基本的には、製品の使用説明書によるが、異物混入や細菌汚染が心配されるものについては、解凍し、洗浄すること。

衛生管理

① 検収時に品質・鮮度・異物混入及び異臭の有無・賞味期限・品温等を詳細に確認し、記録すること。
② 納入された食品は、ダンボール等を外し、ビニール袋などの包装ごとに、専用容器に移し替え、解凍又は加熱する直前まで、－15℃以下で保管すること。
③ 食肉類や魚介類の解凍の際には、専用エプロンを着用し、使い捨て手袋を装着する。また、解凍する際に出るドリップ（解凍液）による二次汚染に注意し、作業動線が重ならないようにすること。
④ 食肉類や魚介類を解凍する際は、5℃以下で取り扱うこと。

ヒスタミンによる食中毒について

原因 ヒスチジンを多く含んだまぐろ、かつお及びさばなどの鮮度が落ちたことによりヒスタミンが生成され、それを喫食したことによって起こる。

症状 食後30～60分後に、舌のしびれ、顔面（特に口の周りや耳たぶ）の熱感、頭痛、全身紅潮、じんましんなどのアレルギー様症状を呈するが、比較的症状が軽く、通常は1日で回復する。

予防 ヒスタミンは、悪臭や見た目の変化を伴わないため、汚染を感知することが困難である。一度産生されたヒスタミンは、加熱によっても分解されないことから、以下の予防対策が重要である。
① 赤身魚などの流通や保存時の温度管理（納入時の温度や再凍結の有無等）及び鮮度を確認し、検収簿に記録すること。
② 鮮度が悪いものは使用しないこと。
③ 調理場においては、室温での放置を避け、冷蔵庫や冷凍庫で保管すること。
④ 検食などにおいて唇や舌先にピリピリした刺激を感じた場合は、速やかに給食を中止すること。

文部科学省スポーツ・青少年局学校健康教育課事務連絡より（H21.1.30）一部抜粋

※ ヒスタミン食中毒を防止するため、漁獲・加工及び流通の過程において、温度管理等の良好な、信頼のおける業者を選定するようにしましょう。

① 冷凍野菜の解凍
調理のポイント

・冷凍野菜はどのような処理がされているのかを理解する。

野菜
↓
ブランチング処理
↓
急速凍結

ブランチング処理

| 野菜や果実は8～9割以上が水分であり、そのまま冷凍すると細胞が破壊される。 | 食品そのものに含まれる酸化酵素類により、冷凍保存中に変質や変色が起こり、品質が低下する。 |

↓ ↓

7～8割の加熱（ブランチング）

↓ ↓

| 組織が軟化され、凍結による細胞破壊が防げる。 | 酸化酵素類の働きが不活性化され、品質低下が防げる。 |

衛生管理

ア　解凍や洗浄は、非汚染区域のシンクで行う。
イ　ドリップ（解凍液）で床を汚染しないよう水受け等を使用する。

図1 冷凍野菜の解凍水の細菌検査結果（n＝38検体）

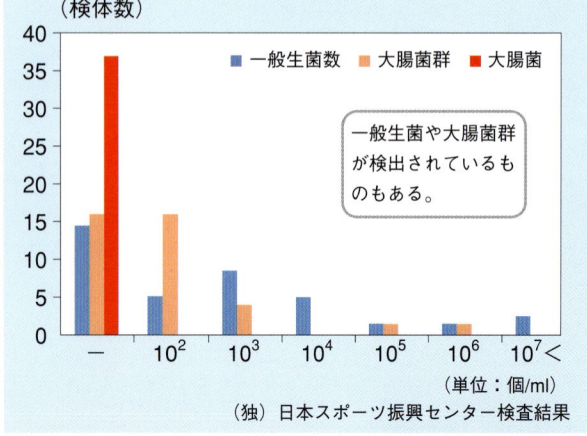

（独）日本スポーツ振興センター検査結果

調理技術

葉物等ブロック凍結 　　バラ凍結

ア　葉物やブロック凍結の冷凍野菜は、ビニール袋ごと冷蔵庫内で前日から解凍するか、当日ビニール袋ごと流水解凍する。
イ　ある程度ほぐれたら、包装を取り除き、異物を確認しながら流水で洗浄する。

ア　バラ凍結の冷凍野菜（コーン・グリンピース等）は、当日ざるに移し、異物の有無を確認して流水解凍する。
イ　汚染が考えられるものについては、流水で洗浄する。

② むきえび・イカ・貝類の解凍

調理のポイント

・表面の氷の膜はなぜついているのかを理解する。

冷凍中の食品表面の乾燥や酸化を防ぐため、表面に薄い氷の皮膜（グレーズ）ができるように処理されています。

<むきえびのドリップの細菌検査結果>

二次汚染に注意！！

一般生菌数
1.4×10⁴個/g

（独）日本スポーツ振興センター検査結果

衛生管理

ア　専用エプロンを着用し、使い捨て手袋を装着して取り扱う。
イ　ドリップ（解凍液）による二次汚染を防ぐため、水受け等を使用し、非加熱食品等との作業動線が重ならないように十分注意する。
ウ　作業に使用したシンク等は、洗剤等で洗浄後、次亜塩素酸ナトリウム溶液200ppmで5分、100ppmなら10分オーバーフロー部分まで満たし、浸漬して消毒する。（調理場における洗浄・消毒マニュアルPartⅠ P18）

調理技術

ア　ぬるま湯や熱湯で解凍すると、魚介類の旨味成分が流出したり、鮮度が損なわれる恐れがあるので、冷水で解凍する。
イ　専用のざるに移し、異物を確認する。（ブロック凍結のいか等の場合は、袋ごと冷水で解凍し、専用のざるに移す）。
ウ　専用のシンクで、冷水で洗浄しながら解凍を行う。
エ　専用のざるにあげ、水気を切る。

③　肉・魚の解凍

| 冷凍の肉、魚は専用容器に入れ、冷蔵庫内で前日から解凍する。 | → | 表面の氷が溶けたら調理に応じて検収室で下味を付ける。品温は5℃以下で取り扱う。 | → | 冷蔵庫で保管し、一回に処理できる分ずつ出して加熱する、常温放置にならないよう、十分注意する。 |

衣のついたものは、そのまま加熱しますが、切り身などを焼く場合は、解凍した方が組織に水分が戻るため軟らかくなります。

（2）乾物の戻し方
調理のポイント

- それぞれの乾物の特質と、用途に合った戻し方を知る。
- 使用量や調味料の分量の精度を高めるため、戻した後の重量を知っておく。

表1

食品名	倍率	戻し方
かんぴょう	5～10倍	塩もみをして、熱湯でゆでる。
きくらげ	4～10倍	水又はぬるま湯に浸す。
切り干しだいこん	4～7.5倍	たっぷりの水又はぬるま湯に浸す。
高野豆腐	6～8倍	ぬるま湯で落としぶたをして戻し、水の中で押し洗い後、水気を絞る。
はるさめ	3～7倍	用途により、ゆでるまたはぬるま湯に浸す。
ひじき	6～9倍	水に浸し、砂やごみを洗い落とす。
干ししいたけ	4～6倍	水又はぬるま湯に浸す。
干しわかめ	6～10倍	煮物、汁物に使用する場合は水に浸す。和え物は戻した後熱湯でゆでる。
豆類	2～2.6倍	下処理用の水槽で洗い、水に浸す。

豆類の戻し方

① 割れた豆、虫食いのある豆等を取り除き、米を研ぐように洗う。
② 浸漬水の量は、ひたひた程度では水を吸って膨らんだ豆が水面からはみ出して、吸水状態にムラが生じるため、豆の4倍程度を目安とする。
③ 前日から戻す場合は、蓋付きの容器に入れ、冷蔵庫で保管する。
※ あずきは前日から浸漬すると加熱中、胴切れが起こるので、当日洗って火にかけます。

干ししいたけの戻し方

① かさの裏にごみや虫などがついていることがあるので、しっかり洗ってから水に浸す。
② 浸漬時間は種類や乾燥度によって異なる。
※ 石づきを取って戻すと、戻し時間を短縮できます。

ひとことアドバイス

ひじきは戻した後、よく洗うことで、ひじきに付着している有害物を減少させることができます。

(3) だし汁のとり方
調理のポイント

<だし汁について>
① 和食では、だし汁は汁物に使うだけでなく、煮物や和え物にも使用する。特に、汁物ではだし汁のとり方で、調味料の量やでき上がりの食味が変わってくる。
② 煮干しのだしは、みそ汁や煮物向きのコクのあるだしがとれ、削り節や昆布でとる混合だしは、香りが高く色の薄い上品なだしがとれる。
③ だし汁は、はじめから必要量をとり、濃い目にとって、後から水で希釈することはしない。かつおの量が多いと旨味以外の成分も多くなるので酸味や渋味が出てくる。

調理技術

① **かつおだし**
ア 削り節の量は、汁に対して2～4％が適量である。
イ 沸騰水中に投入後、1分間加熱し、3分後に削り節が沈んだら取り出す。

② **昆布だし**
ア 昆布の量は、汁に対して1～2％が適量である。
イ 浸水30分後、火加減を調節し、30分かけて沸騰させ、取り出す。

③ **混合だし**
ア 昆布、削り節の量は、それぞれ1～2％が適量である。
イ 昆布だしをとる（② 昆布だし参照）。
ウ 沸騰後、少し水を加えて削り節を入れ、1分間加熱した後火を止め、約3分後、削り節が沈んだら取り出す。

④ **煮干しだし**
ア 煮干しの量は、汁に対して2％が適量である。
イ 大量調理では、30分程度浸水した後、火加減を調整し、1時間程度で沸騰させ、1分後に火を消す方法が効率的である。
※ 煮干しは厚みがあるので、予備浸水と加熱時間の長さがだし汁のおいしさに影響します。

表2　かつおだしの浸出実験
※使用量の相違　　　　　　　　　　　　(mg/100mℓ)

成分＼使用量	水の2％	水の4％	水の8％
総窒素	41.1 (1)	65.6 (1.6)	111.0 (2.7)
アミノ態窒素	10.1 (1)	16.9 (1.7)	25.1 (2.5)

沸騰1分、静置3分
（　）は2％使用に対する浸出割合
旨味成分の浸出割合は、削り節の量に反比例して低くなった。

図2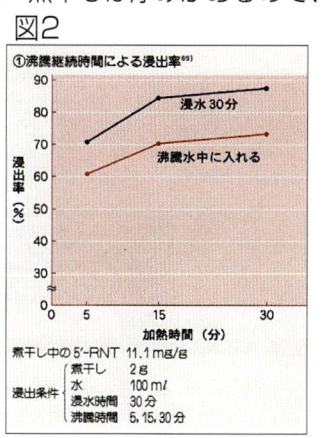

図3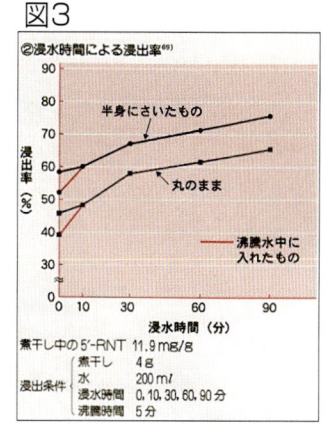

実験結果
・煮干しは沸騰水中に入れるより、水に30分浸した方がだしがよく出ている。
・煮干しは半身にさいた方が、丸のままよりだしがよく出ている。

ウ　火を消して煮干しが沈んだら、すぐ取り出す（だし袋を使用する場合は、火を止め１〜２分後に袋を取り出す）。
エ　取り出す際に煮干しをしぼると、えぐみが出るので、水を切る程度にする。

> 💡 **ひとことアドバイス**
> ・かつおの血合い肉や皮に近い部分には、不快な臭いや味の成分が含まれており、また昆布は臭いやぬめりの成分が沸騰により溶け出してきますので適切な加熱方法を選びましょう。
> ・昆布の表面の白い粉は旨味成分なので、取り除かない方がよいが、汚れ等が付着している場合は固く絞った不織布で軽く拭きます。
> ・かつお節や煮干しの旨味は、イノシン酸、昆布の旨味はグルタミン酸です。これらを混合すると相乗効果で旨味が増します。

⑤　鶏ガラや豚骨スープ

注意

ア　鶏ガラや豚骨は、水洗いをしたり、水洗い後、熱湯処理を行なったりするが、それらの洗浄水が、容器やシンク、床を著しく汚染し、他の食品への二次汚染につながる可能性が高いことから、**やむを得ず使用する際は、下処理済み（洗浄済み）を使用すること。**
また、**下処理済みの鶏ガラや豚骨を購入できない場合は、使用しないこと。**
イ　生の鶏ガラや豚骨は、**下処理済み（洗浄済み）であっても細菌汚染の高い食材であることを前提に取り扱う必要がある。**

衛生管理

ア　鶏ガラや豚骨は、下処理済み（洗浄済み）の状態にして納入してもらう。
イ　鶏ガラ等を取り扱う時は、専用エプロンを着用し、使い捨て手袋を装着する。
ウ　容器などは、専用の物を使用する。
エ　取り出した鶏ガラや豚骨は廃棄物用容器に入れ、速やかに所定の廃棄場所へ運ぶ。

鶏ガラのだしパック

調理技術

ア　鶏ガラ及び豚骨を使用する場合、使用量は汁の20〜30％が適量である。
イ　たまねぎ、にんじん、セロリ、パセリ、ねぎなど香味野菜も一緒に煮立て、沸騰するまで、強火で加熱する。
ウ　沸騰後、弱火にし、あくをとりながら2時間程度加熱する。
エ　煮込む際に食塩を入れることで、スープの濁りを押さえ、旨味成分の溶出を促す。

(4) 野菜のゆで方
調理のポイント

・熱湯でゆでた方がよいもの、水からゆでた方がよいものを知る。
・一度にゆでる量やゆで時間を標準化する。

熱湯でゆでるもの

緑色を保つ・歯ごたえを残す等、味や栄養成分を逃がさないために、短時間で加熱が必要なもの。

↓

ほうれんそう・こまつな等の青菜、キャベツ・ブロッコリー等

調理技術

① 大量の沸騰水を準備する。
　沸騰水が少ないと、材料の投入後、温度が低下し、ゆで時間が長くなる。

| 野菜の緑色（クロロフィル色素）は、長時間の加熱で褐色のフェオフィチンに変化する。 | 長時間の加熱により、野菜から有機酸が溶出し、組織が柔らかくなり、歯ざわりも低下する。 |

② 速やかに冷却する。
　ゆでた後は、余熱で色が褪せるのを防ぐ。

・沸騰水に食品を投入した後の温度降下をできるだけ少なくし、再沸騰までの時間を短縮してゆで上げることが、色、味の面から重要である。
・葉菜類の加熱に必要な時間は、少量調理と大差はなく、3～4分でゆで上がるよう、加熱機器等の条件を考慮し、各施設で投入量の標準化を図る（多くの施設では、ゆで水の10～20％の投入量とすれば短時間調理が可能と考えられる）。

水からゆでるもの

表面も内部も均等に温度の上昇が必要な組織が硬い野菜（水からゆでることで表面から先に煮崩れることを防ぐことができる）。

↓

にんじん・ごぼう・だいこん・（野菜ではないが）いも類等

調理技術

① かぶるくらいの水でゆでる。
・あくや有機酸の溶出が少ないので、ゆで水を多くする必要がない。
・ゆで水が多いと、いも類等は対流によってぶつかり合い、煮崩れる。
・エネルギーの節約になる。

・切り方によっては熱湯でゆでる。
　組織の硬い根を食べる野菜であっても、薄切り、せん切り等に切ってからゆでる場合は、短時間でゆで上がる熱湯で行う。
・大きめに切った煮物の野菜を水から下ゆでしておくことは、煮崩れを防ぎ、調味料が均等に浸透していくなど、調理の質を高める作業となる。

> 熱湯でゆでる野菜の実践例

ほうれんそうの茎と葉を分けておく。

沸騰水量に対して20％以下のほうれんそうを投入する（茎を先に入れる）。

野菜から出る有機酸を蒸発させるため、蓋をしないでゆでる。

手早くざるにあけて、速やかに冷却する。

> 野菜は種類ごとにゆでる

野菜はほうれんそうなどアクの強いもの、また淡色野菜でもゆで時間が違うなど、それぞれの特質があることから、おいしく仕上げるためには、種類ごとにゆでる。

> ゆで水の使い回しは

ゆで水に有機酸等が流れ出るほうれんそうなどは、同じ種類であってもゆで水の使い回しはしない。キャベツやはくさいなどの淡色野菜は水量を補充しながら、使い回しても影響はないが、ゆで水の状態を見てとりかえる。

> 衛生管理

① 加熱温度の確認は沸騰水の中で測るのではなく、野菜を取り出して測定する。
② 脱水機を使用する場合は、完全な消毒をしたものを使用する。

> 冷却機の場合

③ 冷却機の庫内、取っ手、温度センサー等の消毒を行う。

④ 冷却機への出し入れでは、消毒済みのざるの使用、直接手を触れない等、二次汚染に十分気をつける。

※ どちらも、冷却後は調理用冷蔵庫に保管する等、適切な温度管理を行いましょう。

> 水冷の場合

③ 水で冷却する場合は、直前に使用水の遊離残留塩素が0.1mg/ℓ以上であることを確認し、その数値と時間を記録する。

④ 消毒済みのシンクや釜等で速やかに水冷し、温度を確認して記録する。

⑤ 和え物等のために水分を絞る際には、使い捨て手袋を装着する。

＜工夫例＞
タライに食器を伏せて置き、ゆでた野菜の水切りをよくする。

＜野菜のゆで方　Q＆A＞

Q1；青菜をゆでる際の食塩の効果は

青菜をゆでる際にゆで水に食塩を1〜2％入れることにより、クロロフィルの緑色の安定化に役立ち、緑色を保つことが期待できるとされている。

実験の結果、食塩を入れないものと1％の食塩を入れたもののゆで上がり後、水冷したものの色の違いは見られず、2％の食塩を入れることでわずかな効果が見られた。しかし、大量調理においては、2％の食塩の使用（例えば90ℓの釜で約1.8kg）は考えにくく、また、冷却機などを使用した場合、食品に塩味が残り料理の味を損なうことが考えられる。食塩の使用量については、料理や各施設の規模、ゆでた後の処理方法に合わせて決めることが望ましい。何より短時間の加熱に努めることが、緑色を保つことには効果的である。

Q2；もやしをしゃきしゃきにゆでるには

表3　もやしの食味テスト

	パネル（人）	水から（人）	沸騰水（人）
しゃきしゃき感あり	15	13	2

食味テストにおいては、水からゆでた方がしゃきしゃき感があると答えた者が多かった。

加熱条件：ゆで水10ℓ、投入量ゆで水の10％（1Kg）
ゆで時間：・水からは沸騰まで2分、沸騰後2分
　　　　　・沸騰水からは再沸騰まで1分、再沸騰後2分
試　　料：もやし
食味テスト：2点識別試験法、$P<0.01$

Q3；ざるに入れて野菜をゆでるには

少量の食品を短時間にゆで上げる場合には、ざるを使用してゆでることが能率的である。

① ざる上部までかぶる水量で加熱する。
② 野菜を水面から出さない。沸騰水を対流させる。また野菜をざるに入れ過ぎない。

表4　ざるの加熱実験　加熱条件：沸騰水中（99.0℃以上）
　　　　　　　　　　水　量：ざるの上が約1cm水面から出る水量

① プラスチック

NO.	加熱時間	ゆで水の温度	水面から出ているざるの表面温度
1	0秒	99.4℃	―
2	10秒	84.1℃	54.2℃
3	30秒	99.6℃	80.0℃
4	60秒	99.7℃	84.4℃
5	120秒	99.7℃	78.9℃

プラざる 10秒
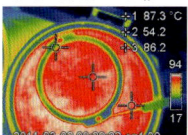
プラざる 120秒
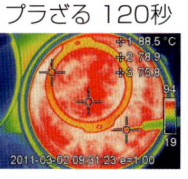

② 金ざる

NO.	加熱時間	ゆで水の温度	水面から出ているざるの表面温度
1	0秒	99.4℃	―
2	10秒	99.0℃	66.5℃
3	30秒	99.3℃	71.2℃
4	60秒	99.3℃	64.8℃
5	120秒	99.3℃	67.7℃

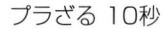
金ざる 10秒
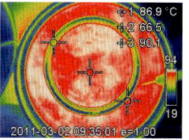
金ざる 120秒
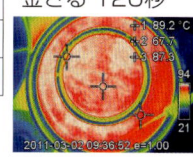

金ざるの方が熱伝導率が高いため、水面から出ている部分の表面温度が高いと考えられたが、実験の結果プラスチックざるの方が高かった。

(5) 調味料の使い方
調理のポイント

> ・調味料は拡散（濃度の異なる溶液が接触すると、双方の濃度が等しくなるように働くこと）によって味がしみ込む。拡散の速度は分子量が小さいほど速い。
> 料理に合わせて入れる順序、タイミングを決める。

煮物の調味の順序は

「さ・し・す・せ・そ」の順に入れる理由

砂糖（さ）　　　　塩（し）	酢（す）	しょうゆ・みそ（せ・そ）
砂糖の分子量（342）は、食塩の分子量（58.2）に比べ約6倍も大きい。分子量の小さい食塩の方が砂糖より先に食品に浸透して、材料を引き締め、砂糖のしみ込みを妨げる。砂糖を先に入れ、しみ込んだら、食塩を加える。	食酢の主成分は酢酸で加熱により蒸発する。また香りも熱で失われるため、早くから加えないようにする。	香りを大切にしたい調味料なので、できるだけ後で加える。

料理に合わせた方法で

煮魚のように短時間で表面に味を付けるもの、おでん等のように、混合した調味料の中で食品を煮込みたい場合は、調味料を入れる順序にこだわらない。

また、料理によっては、はじめからしょうゆの味をしみ込ませ、香りのために少し残して、最後に加える方法もある。

衛生管理

① 調味料を入れる際は、異物やガラスの破片などの混入の危険も考えられるため、容器から直接ではなく、一度ボールや食器などに移し替えて入れる。
② 使いかけの調味料の保管方法については、それぞれの食品の表示にしたがって行う。
③ 缶詰に入っていた調味料が残った場合は、別の容器に移し替えて保管する。
④ 調味料はできるだけ使い切れる量を購入し、先に購入したものから使用する。
⑤ 調味料は事前に準備し、調理中は食品庫（汚染作業区域）への行き来はしないようにする。

第4章　調理形態別調理の衛生管理＆調理技術マニュアル

1　調理形態別調理における基本的な考え方

調理の目的

* 献立計画に基づいて作成された献立を、調理場の限られた条件（施設・設備、食数、調理担当者の人数、時間）の中で調理し、おいしくて、安全で、児童生徒が満足できる食事を提供すること。

衛生管理

① 食肉類や魚介類及び卵等、二次汚染を起こす可能性の高い食品と非加熱調理食品や和え物が交差しないよう、作業動線を工夫すること。
② 食肉類や魚介類、卵及び加熱終了後の食品を取り扱う際には、専用エプロン、使い捨て手袋を装着し、素手で触らないこと。
③ 使用した容器などからの二次汚染に注意すること。
④ 加熱処理する食品については、中心温度計を用いるなどにより、中心部が75℃で1分間以上（二枚貝等ノロウイルス汚染のおそれのある食品の場合は85℃で1分間以上）又はこれと同等以上の温度まで加熱されていることを確認し、その温度と時間を記録すること。
⑤ 中心温度計については、定期的に検査を行い、正確な機器を使用すること。
⑥ 複数の釜で調理した場合は、保存食はそれぞれの釜から採取し、保存すること。

調理技術

① 加熱機器の性能及び熱容量と加熱する食品の量との関係によって、食品の温度上昇速度が異なるため、加熱に要する時間が違ってくる。そのため加熱時間は、沸騰後又は、ある温度に達してからの所要時間を定める必要があること。
② 基本的には、少量調理の考え方と同様であるが、加熱による蒸発率が低い、温度上昇の速度が緩慢、加熱終了後の余熱が大きい等、大量調理の特徴を理解して作業工程表を作成すること。
③ 食品の種類や調理法に応じて下ゆでをしたり、下味を付けたりして、よりおいしい給食にする工夫をすること。
④ 調理終了から給食までの時間が長いために起こる味等の変化を考慮し、加熱や調味（味付け）を行うこと。
⑤ 塩分計や中心温度計による確認とともに、しっかり味をみて提供すること。

（1）麺　類

> **大量調理の課題**
>
> ① 麺類は、時間の経過と食缶の中の余熱で、水分を吸収して軟らかくなるので、配食から児童生徒が食べるまでの時間を考慮して、各調理場で麺のゆで始めの時間やゆで時間を決める必要がある。
> ② 沸騰水に麺を投入後、再沸騰までの時間が長くなると、麺の表面のでんぷんが流れ出て、ゆで水の対流を阻害し、麺が軟らかくなる。再沸騰までの時間を短くするために、ゆで水の量や麺の投入量を決めておく（標準化）必要がある。

調理技術

＜うどん麺（乾麺）のゆで方＞

① 麺重量の約7〜10倍の沸騰水に、乾麺をバラバラにしながら入れる（ゆでると重量は約3〜3.5倍になる）。

調理技術

＜うどん麺（生麺）のゆで方＞

① 生麺をほぐし、周りについている粉をできるだけ落としながら、麺重量の約7〜10倍の沸騰水に入れる（ゆでると重量は約2倍になる）。

② 麺が固まらないように、スパテラで静かに鍋底から混ぜる。
③ 湯が再沸騰したら、噴きこぼれないように火力を調整し、芯が残る程度にゆで上げる。
④ ゆで上がったら、消毒した別の釜（又はシンク）で、水冷しながら麺をもみ洗いして、表面のでんぷんを取り除く。2〜3回水を替えて、十分に水冷することにより、コシのある麺になる。
※ 麺の重量に対するゆで水の量は、釜の熱容量や施設・設備の状況によって決めます。

> **≪麺をゆでた後、十分洗う理由≫**
> 　麺類をゆでると麺の表面の糊化が進み、粘着力が増すばかりでなく、汁に入れた場合の濁りの原因になります。
> 　また、余熱が残っていると、芯の方まで糊化が進んで水を吸い込み、伸びた状態になるので、ゆで上がったら、すみやかに冷水でよくもみ洗いする必要があります。

> 💡 **ひとことアドバイス**
> ・うどん麺をゆでる時は、再沸騰後沸騰させすぎると、麺が踊り、切れたり煮くずれたりするので、火加減を調整します。
> ・冷やしうどんを作る場合は、水冷する際に残留塩素濃度を測定します。
> ・1度ゆでた湯には、でんぷんが流出しているので、次の麺をゆでるときには、ゆで水を取り替えます。

＜スパゲティ麺のゆで方＞

○麺をソースで和える場合

① 麺重量の約10倍の沸騰水に、0.3〜0.5％の食塩を入れる。
② 麺が固まらないように、スパテラで静かに鍋底から混ぜる。
③ 湯が再沸騰したら、噴きこぼれないように火力を調整し、硬め（芯が残る程度）にゆでる（ゆでると重量は約2.5〜2.8倍になる）。
④ ゆで上がり時間とソースのでき上がり時間を同時になるよう、作業工程表に明記する。
⑤ 麺は洗わず、水気を切ったらそのままソースの釜に入れ、手早く仕上げる。

○麺とソースを別に提供する場合

① 麺重量の約10倍の沸騰水に、0.3〜0.5％の食塩を入れる。
② 麺が固まらないように、スパテラで静かに鍋底から混ぜる。
③ 湯が再沸騰したら、噴きこぼれないように火力を調整し、硬め（芯が残る程度）にゆでる（ソースで和える場合より、やや長めの時間）。
④ ゆで上がったら、麺は洗わず水気を切り、麺にバター（又はサラダ油・オリーブ油）をまぶして配食する。

※ 麺の重量に対するゆで水の量は、釜の熱容量や施設・設備の状況によって決めます。

衛生管理

① ゆでた麺を釜から上げる時は、必ず消毒済みのざる等を使用する。
② 熱いゆで汁を捨てる時は、周りに湯が飛び散らないように、釜をゆっくり傾け、少しずつ捨てる。
③ ゆでた麺を水冷しながらもみ洗いするときは、必ず肘まである消毒済みのゴム手袋、または肘まである使い捨て手袋を装着する。

💡 ひとことアドバイス

・スパゲティ麺をゆでる時は、必ず食塩を入れてゆでます。麺に下味が付くだけでなく、麺のこしが強くなります。これは、食塩に含まれる塩化マグネシウムが麺のたんぱく質（グルテン）を固めて、こしを強くする作用があるからです。
うどん麺や素麺は、もともと麺を作る際に食塩を入れてありますので、ゆで水には食塩は入れません。
・スパゲティ麺は、釜から上げたら水洗いせずに、そのままソースに絡める方がよいのですが、調理釜や時間、調理担当者数に制約がある場合は、麺をゆでて水冷し、サラダ油等をまぶして、最後にソースと絡めます。

(2) 煮 物

① 和風の煮物

大量調理の課題

ア 大量であることから、加熱の度合いや調味の不均一が起こりやすい。そのため、撹拌を行うが、煮くずれの原因となってしまう。

課題解決のポイント

ア 熱伝導が均一になるようにするため、材料の大きさや形、厚みをできるだけ揃える。
イ 熱の通りにくい食品は下ゆでしておく。
ウ 落とし蓋をし、煮汁をいきわたせる。
エ 調味を行った後、食品が煮える前に撹拌する。

調理技術

煮汁

加熱及び調味料の浸透をできるだけ均一にするために、煮物の種類に応じて加水量を決めておく。
○おでん、含め煮・・・食品の80〜100%
　　　　　　　　　　（煮汁に浸る程度）
○炒め煮、炒り煮・・・食品の10〜15%

調味

煮物の調味は初期に、煮汁が沸騰してきたら行う。
　砂糖⇒塩、しょうゆ⇒みそ・酢等
　　　（調味料の使い方33ページ 参照）
　しょうゆの香気は、揮発性のため加熱によって失われる。使用量の一部を残しておき、仕上げに加えるとよい。みそや酢は最後に加える。

火加減

煮汁が沸騰するまでは強火とし、その後は沸騰継続ができる程度の火力に調節する。

＜落とし蓋の効果＞
・材料を上から押さえるので材料が動かないため、煮くずれを防ぐことができる。
・煮汁が落とし蓋に当たって、上から下にまわるので味が均一に付く。
・煮汁の蒸発面積が少なくなるので、急な煮詰まりや焦げを防ぐことができる。
・火力の節約になる。

じゃがいもの煮物
煮汁の0.3〜0.5%程度の水溶きしたでんぷんを加えると、撹拌しやすくなり、煮くずれも少なくなる。

煮魚
調味料を入れた煮汁（魚の20〜30%）を沸騰させた中に、そっと入れることで魚の表面のたんぱく質が凝固し、魚の中の旨味を逃がさず、煮くずれも防げる。

煮豆
煮豆を作る際に、砂糖を1度に加えると、豆から水分が出て堅くなるので、砂糖は2〜3回に分けて加える。また、豆が硬いうちに砂糖を入れると軟らかくならない。

衛生管理

ア 食肉類や魚介類を取り扱う担当者については、作業工程表に明記しておく。取り扱う際には専用エプロンを着用、使い捨て手袋を装着する。
イ でき上がり間際に加えた食品や熱が通りにくい食品については、加熱不足がないか確認する。

② 洋風の煮物

調理のポイント

ア 肉の臭みを消すために、みじん切りにしたにんにくやしょうがを油で炒めて、香りを出した油で肉を炒める。
イ 角切り肉は野菜とは別に、使用するスープの一部と赤ワインで別炊きして、途中から野菜類と合わせる。
ウ 調味（塩分）は2〜3回に分けて行う。
エ たまねぎの炒め方は、料理のでき上がりに影響するので、調理目的に応じて炒め方を変える。

調理技術

＜食肉類、魚介類の取扱い＞

ア シチュー等の洋風の煮込み料理には、結合組織の多い硬い牛肉や豚肉を使い、筋繊維がほぐれやすく、軟らかくなるまで弱火で長時間加熱する。
イ 鶏肉や魚介類は肉質が軟らかいので、クリーム煮等比較的短い加熱時間の煮込み料理に使用する。
ウ 食肉類や魚介類は、加熱することにより、表面のたんぱく質を凝固させて旨味成分の流出を防ぐ。調理目的に合わせて、別鍋で煮込んだり、下ゆでや油通し等を行う。

＜たまねぎの炒め方＞

ア 油の使用量は、たまねぎの5％程度とし、炒めやすさ、熱効率、作業能率の面から中火程度で炒める。
イ たまねぎの炒め始めは、組織の軟化により水分が放出され、100℃程度まで加熱されて透明になる。成分の変化は、刺激性物質の揮発、甘味の生成がわずかに行われるが、生のたまねぎ特有の臭いや味を残している。
ウ 120℃付近になると温度の上昇に伴い、水分と交替して油脂が浸透する。硫化物から甘味生成が進むとともに、含有する糖質の濃縮が行われ、さらに炒めると、褐色に色づき、よい香りが出る。

炒め始めのたまねぎ	 炒め始めから10分 透明感が出てくる	 炒め始めから20分 しんなりした状態	 炒め始めから30分 水分が蒸発してくる

エ クリーム煮はたまねぎが透明になる程度まで炒める。ビーフシチューやカレーシチューの場合は、たまねぎの使用量の半分を褐色になるまで炒めて使用すると、料理にコクと甘味がでてくる。
※ 炒め時間は、たまねぎの分量と火力によって異なります。

③ ホワイトルーの作り方

調理のポイント

ア　小麦粉（薄力粉）とバターは同量（1：1）、牛乳は料理によって異なるが、小麦粉の10〜20倍用意する。
イ　バターを溶かすとき、焦がさないように火加減を調整する。
ウ　ダマにならないように、牛乳を数回に分けて入れる。

調理技術

ア　バターを入れ、釜に火を点ける。バターが焦げないよう火加減に注意する。
イ　バターが溶けたら、ふるった小麦粉を加え、小麦粉を弱火〜中火でゆっくり炒める。

バターを入れる	 バターを完全に溶かす	 小麦粉をふるって入れる	 小麦粉をゆっくり炒める

ウ　バターと小麦粉の水分が蒸発して、だんごの状態からさらさらしたペーストの状態（約130℃）に変わったら、牛乳（分量の約1／8程度）を入れて、よく撹拌する。
エ　小麦粉が糊化してきたら、さらに牛乳（分量の約1／4程度）を加え、ダマにならないように練り上げる。
オ　残りの牛乳を入れ、よく撹拌し、火加減に注意しながら加熱する。

ペースト状になったら牛乳を入れる	 よく撹拌する	 さらに牛乳を加える	 火加減に注意しながら加熱する

※　牛乳は温めた方がダマになりにくいです。

＜ブラウンルーとは＞
　高い温度（180〜190℃）まで炒めると、小麦粉は茶色に色がつき、スープでのばすと茶色のブラウンソースができ上がる。

（3）焼き物

焼き物の特徴

① オーブン加熱は、右図のように、加熱された空気からの対流伝熱と庫壁からの放射伝熱と天板からの伝導伝熱によって食品を加熱するものである。
② 加熱温度や時間の設定は、焼き物機の機種や性能、焼き物の種類や重量及び厚さによって異なる。
③ 高温で加熱して表面のたんぱく質を凝固させ、内部の水分や旨味成分などの流出を防ぐ。
④ 食品のでき上がりの焼き色は、設定温度の影響が大きいが、水分の蒸発量は加熱時間の影響が大きい。

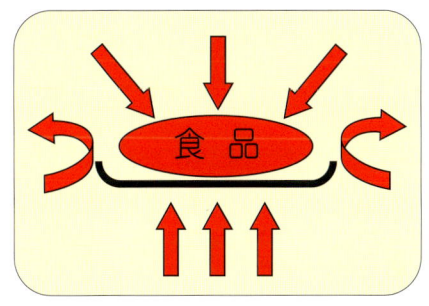

オーブン加熱の仕組み

衛生管理

① 食肉類や魚介類は、検収時に専用容器に移し替え、下味を付けて原材料用冷蔵庫に入れ保管する。
② 常温放置にならないよう、処理する分ずつ出して作業する。
③ 周りに汚染が広がらないよう、作業動線に配慮し、近くに非加熱食品や加熱後の食品等を置かない。
④ 1回毎に中心温度を確認する。

調理技術

① 天板は出して、庫内を設定温度まで温めておく。
② 天板に食品が重ならないように並べる。
③ ①を確認し、食品を並べた天板を入れる。
④ 焼きムラがないか時々確認し、焼きムラがある場合は、天板の向きや位置を変え、できるだけ均一に焼けるようにする。
※ 調理場にある焼き物機の特徴を把握しておくことも、焼き物をおいしく作ることにつながります。

さわらの塩焼き

💡 ひとことアドバイス

・冷凍の魚は、魚のもつ水分が表面で凍っています。そのまま焼くと、表面の氷が魚に戻らないまま、水分が蒸発してしまうので、パサパサした焼き魚になります。解凍して焼くと、表面の水分が魚の中に戻り、ほどよい水分の状態で焼くことができます。

（冷凍魚の解凍方法26ページ参照）

解凍して焼いたさけ	凍ったまま焼いたさけ
ほどよい水分で、しっとりとした食感	水分が少なくパサパサした食感

（4）炒め物

大量調理の課題

① 釜の熱容量が低い（特に蒸気釜）ため、野菜等から放出された水分が蒸発せず蒸し煮の状態になる。
② 食品を均一に加熱するためは、炒め時間が長くなる。
③ 配食後の時間経過と余熱により、さらに材料からの放水量が多くなり、色や食感が低下する。

課題解決のポイント

① 野菜の付着水を少なくする。
・洗浄後の野菜の水切りを十分に行う。
② 炒め時間を短くする。
・下ゆで（脱水）や油通しをしておく。
・1回に炒める量を少なくする。

ほうれんそうの下ゆで

ゆでたキャベツの脱水

調理技術

① 熱伝導が均一になるように、大きさや形、厚みをできるだけ揃えて切る。
② 熱の通りにくい食品、色よく仕上げたい食品、放水量の多い葉物類、冷凍野菜等は、下ゆで又は油通しをしておく。
③ 下ゆでをしたものは、軽く脱水する。また、色よく仕上げたい青菜類やピーマン等は冷却し、最後に加える。
④ 釜及び油（食品の3～5％）を熱し、熱が通りにくい食品から炒め始め、食品にある程度油が回った状態になったら調味をする（早くから調味を行うと、野菜から水分が出やすくなる）。
⑤ 調味料（しょうゆやソース類）は温めておくと、炒め時間の短縮につながる。
⑥ 加熱温度を確認したら、余熱による水分の放出をできるだけ防ぐため、すぐに配食する。

コーン、ほうれんそう、キャベツを、すべて下ゆでして、ソテーにすると、放水量も少なく、おいしくでき上がる。

＜参考：蒸気釜で野菜炒めをする場合の、下ゆでをしたことによるでき上がりの比較＞

> 調理手順

A 野菜を下ゆでしないもの（炒め時間33分）
① しょうが、肉を炒め、にんじん、もやし、ほうれんそうの順に炒めた。
② 放出された水分、約6ℓを取り出し、切り干しだいこんを加えて炒め、調味した。

B 野菜をそれぞれに下ゆでしたもの
（炒め時間17分間　※下ゆでの時間を除く）
① 野菜はゆでて、ざるに上げ、水気を切っておく。
② しょうが、肉を炒め、ゆでておいた野菜を加え、和えるようにして炒め、切り干しだいこんを加え調味した。

表1

食品名	使用量 1人分 (g)	一釜調理量 1,213人分 (kg)
ほうれんそう	15	24.5
もやし	15	36.5
にんじん	10	24
切り干しだいこん	3	4
牛もも肉	20	24.5
いりごま	1.2	1.5
しょうが	1.5	3
炒め油	0.25	0.6
しょうゆ	5	6
上白糖	1.5	1.8
酢	1	1.2
ごま油	1.5	1.8

結果

・Aはにんじんが切れ、ほうれんそうはヌルヌルしていた。
・Bの方が、食感がよくシャキシャキ感があった。
・切り干しだいこんを最後に加えたので、余分な水分のないでき上がりになった。

衛生管理

① 釜に投入する食品の量が多すぎると、温度が上がりにくいので、釜の大きさ（熱容量）や食品の種類によって、1回の投入量を決める。
② 食肉類や魚介類は、最初に炒めて加熱温度を確認する。料理によっては、取り出して最後に合わせる。
③ 釜の中の場所（底部、中央部、表面）によって温度が異なるので、均一になるよう撹拌し、加熱温度を確認して、記録する。

💡 ひとことアドバイス

・大量調理における炒め物では、どうしても野菜から水分が出ます。
　ビーフンやはるさめを加えたり、最後に水溶きでんぷんを加えたりして、全体にからめると旨味や調味料を無駄なく使うことができます。
・蒸気釜は、二重構造で焦げつきにくい特徴がありますが、ガス釜に比べ釜の内側が120～130℃程度しか温度が上昇しないので、水分量の多い野菜類は下ゆで（脱水）等を行って炒め作業を行います。機器ごとに釜の大きさ（熱容量）が違うので、できるだけ高温で炒められるよう、各調理場で投入量を決定（標準化）します。

（5）汁 物

① みそ汁

> **調理のポイント**
>
> ア　みそは煮立てすぎると風味が失われる。
> みそ汁、あるいはみそを加えた汁物をもう一度加熱し直したり、長時間煮続けていると旨みを損ねてしまう。（調理技術のワンポイントアドバイス58ページ参照）
> イ　みそは麹のちがいから米・麦・豆みそ、色では白・淡色・赤みそ、甘辛では甘・甘口・辛口みそなど様々な種類がある。それぞれの長所を生かし、短所を補うために2～3種類のみそを混ぜて使用するとよい。

調理技術

ア　だし汁の量を確認してから、野菜や豆腐などの食品を入れる。
※　みそを入れてから水を足すことがないように、量を決めます。
イ　材料が煮えたらあくをとり、事前に溶いておいたみそを入れ、すみやかに火を止める。
※　みそ汁は、できるだけ配食時間に近い時間に仕上げる方が、風味よく、おいしいものが提供できます。

みそは、事前に溶いておく　　豆腐の中心温度を確認する

衛生管理

ア　豆腐を使用する場合は、豆腐の水切り水による二次汚染に気をつける。
イ　豆腐など熱の通りにくい食品については、中心温度を確認する。
ウ　豚汁などのように、肉類等を使用する場合は、特に二次汚染に注意する。
エ　ねぎ（青味）は、食缶に入れず、みその後に釜に入れる。

> 💡 **ひとことアドバイス**
> ・みそ汁には、煮干しだしや削り節（あら節）のだしが適しています。
> ・みそ汁の豆腐は、みそを入れる前に入れましょう。すだちが気になる場合は、先に食塩を0.5％程度入れるか、みその一部を入れておくことで、すだちの時間を遅らせることができます。（調理技術のワンポイントアドバイス58ページ参照）

② かき卵汁・卵スープ

> 調理のポイント

＜ふんわりとした卵に仕上げるには＞
ア　卵を入れる前にだし汁に水溶き片栗粉を加える（濃度をつけると、比重の関係で卵が浮く）。
イ　沸騰しただし汁をよく撹拌し、少しずつ溶き卵を流し入れる。
ウ　卵が浮き上がってくるまで、撹拌しない。

> 調理技術

ア　食品をだし汁で煮て、調味する。
イ　食品が煮えたら、水で溶いた片栗粉（水分量の0.8％程度）を加えて、よく撹拌する。
ウ　だし汁をしっかり沸騰させて、スパテラでよく撹拌し、溶き卵を少しずつ流し入れる。
エ　最後に味をととのえて、青味を入れる。

ふんわりとでき上がった卵スープ

> 衛生管理

ア　でき上がり時間に合わせて下処理室で割卵する（卵を取り扱う際は、専用エプロンを着用し、使い捨て手袋を装着して作業を行うこと）。
　　作業手順上、早めに割卵をせざるを得ないときは、割卵した卵は専用容器に入れ、原材料用冷蔵庫で保管する。（卵の処理13ページ参照）
イ　細菌の増殖を防ぐため、卵の撹拌は釜に流し入れる直前に行う。
ウ　卵殻の混入に注意しながら釜に卵を流し入れる。

> 💡 ひとことアドバイス

・だし汁の温度が低いと、ふんわりとした卵に仕上がらないので、だし汁をしっかり沸騰させます。また、卵の量が多い場合は、2～3回に分けて卵を流し入れます。
・卵を撹拌しすぎると、卵の組織が壊れてつながらなくなります。
・親子どんぶりや薄焼き卵を作る時には、卵液の1～1.5％の片栗粉（同量の水で溶いたもの）を加えると、卵の自由水と結合して糊化し、水分の蒸発が少ないため、口当たりがよくなります。

③ あく（灰汁）のとり方

　あくは、植物に含まれるシュウ酸などの有機酸やタンニンなどのポリフェノール類、肉の血や浸出液に含まれるたんぱく質など、渋み・苦み・不快な臭いの元になるもので、料理に不要な成分の総称です。
　おいしい料理を作るためには、これらのあくをしっかりとる必要があります。

あくとりのポイント

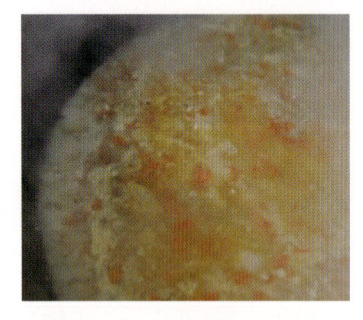

必要以上に沸騰させない（あくが汁の中で循環してしまう）。

ひしゃくの底面で、あくを静かに集める。

集めたあくをすくって、水又は湯を張った専用容器に入れる。

○ ボールに湯を張ってあくを入れている。

× あくをグレーチングに捨てている。

（6）揚げ物

> **調理のポイント**
>
> ① 揚げ物は、120〜200℃の高温に熱した多量の油の中で食品を加熱する操作で、食品や衣の脱水が行われつつ吸油が行われる。この「油と水分の交代」は、揚げ操作中の油の温度変化と時間が関係し、料理の味に影響する。
> ② 揚げ油の量、食品及び揚げ物の種類、1回の投入量によって、油の温度は著しく変化する。
> ③ 食品や揚げ物の種類、使用機器の違い（連続フライヤー、フライヤー、回転釜等）で、揚げ条件が変わってくるので、揚げ油の量と適温、1回の投入量及び揚げ時間を調理場で決めておく。
> ④ 揚げ油の劣化の状態によっても、でき上がりに影響する。

衛生管理

① 食肉類や魚介類、冷凍食品は、検収時に専用容器に移し替え、原材料用冷蔵庫又は冷凍庫に入れ保管する。
② 常温放置にならないよう、処理する分ずつ出して調理する。
③ 周りに汚染が広がらないよう、作業動線に配慮し、近くに不要なものを置かない。
④ 中心温度を確認し、記録する。

調理技術

① できるだけ新しい揚げ油を170〜200℃（揚げる食品に応じて）に熱する。試しに数個を揚げ、中心温度や味、食感の確認をした後、揚げ始める。
※ 試しを行っている間に、油が高温にならないよう注意しましょう。
② 投入量は、油に対して10〜15％程度が望ましく、1度に多量に入れると油の温度が下がるので注意する。
③ 食肉類や魚介類は高温で短時間に揚げるが、いも類のようなでんぷん性の食品は、糊化するのに時間がかかるので160〜170℃に設定する。
④ 投入後は、（油と水分の交代が行われるため）大きな泡が立つが次第に泡が小さくなる。食品（衣）が程よく褐色になり、好ましい食感になるまで揚げる。
⑤ 食品投入時の揚げ油の温度は、常に一定にする。

投入直後は、大きな泡が立っている

泡が小さくなり、食品が褐色になってくる

小魚のフライの中心温度の測定

＜油の基礎知識＞

① 油の種類
　ア　不飽和脂肪酸の多い油（大豆油、サフラワー油等）…酸化が進みやすい。
　イ　不飽和脂肪酸の少ない油（オリーブ油等）
　ウ　中間の油（菜種油、コーン油、ごま油等）

② 揚げ物に適している油
　揚げ物には、いつまでもしっとりとしているオリーブ油等は向かない。また、大豆油やサフラワー油は酸化が進みやすいので、家庭用の揚げ油は、大豆・菜種・コーン等いろいろな原料の油をブレンドして均一な品質の製品を作り、これらを天ぷら油という名称で販売している。サラダ油は熱に弱く、揚げた物はカリッとした食感がなくなりやすい。揚げ物には比較的熱に強い白絞油の方が合う。
※　各調理場において油の特徴を生かした配合を行いましょう。

③ 油の劣化について
　ア　油の劣化の要因としては、揚げる食品等の種類・量、揚げ油の種類・量、加熱時間、加熱温度、使用頻度、保存状態等が考えられる。
　イ　揚げ油の劣化を遅らせるためにも、使用後は油をフライヤーに入れたままにしないで、濾過して別容器に移し、冷暗所で保管する。
　ウ　青魚や肉等のように比較的高温で揚げたり、脂肪分が溶け出たりするものやしょうゆ等で味付けしてあるものは、油が汚れるので、油の劣化をまねきやすい。

> 💡 **ひとことアドバイス**
> ・揚げ油の劣化の指標としては、油の色、臭い、泡だち、油切れ、使用回数等で判断する場合が多いですが、簡易油脂検査キットが販売されていますので、定期的に確認することが望まれます。
> ・新しい油を使用する際は、油の劣化も考慮し、献立のサイクルを工夫することも必要です。

(7) 和え物

調理のポイント

① 和え衣（和え物の調味液）の種類と分量は、和える食品との調和を考慮する。和える食品が淡白な物は和え衣は濃厚な味のものに、また和え衣の味が淡白な物は和え衣の量を多めにする。
② 砂糖・塩・酢・しょうゆ・みそ等の調味料は、製造過程で殺菌されているので、基本的には加熱する必要はないが、料理によっては、食味の面で調味料を加熱しておいた方がよい場合もある。

調理技術

① 野菜等を加熱した後は、すみやかに冷却する。
② 葉物類は脱水する際に、塩又はだし割りじょうゆで下味を付けてしぼると水っぽくなりにくい。
③ しぼり加減は、塩味の付き方、あくの抜け方に関係するので、一定の味にするために、食品ごとにしぼり操作を同じ(標準化)にするなど、各調理場で決めておくとよい。
④ 野菜等をほぐしながら、和え衣が全体になじむように和える。

表2　ゆでほうれんそうのしぼり加減と食味　　　　(n＝12)

| しぼり加減 || ほうれんそう | 食味テスト＊(強い順位) |||
下味前	下味後	塩分残存率	塩味	あく	総合評価
しぼらない	80%	36%	3	1	3
90%	80%	54%	2	3	1
70%	しぼらない	100%	1	2	2

＊Kramerの順位法の結果
調味：しょうゆ（1％塩分）、下味時間：30分、しぼり操作：手しぼり
◎ほうれんそうは、ゆでた後軽くしぼり（食品の重量の約90％）、下味をした後80％にしぼったものが好まれた。

衛生管理

① 下ゆで等を行う場合は、75℃、1分間以上の加熱を確認し、記録すること。
② 冷却の際、水冷する場合は遊離残留塩素が0.1mg/ℓ以上あることを確認すること。
③ 加熱、冷却後の食品を取り扱う場合、手洗いの徹底、エプロンの交換、使い捨て手袋（肘まであるものが望ましい）の装着と専用容器を使用すること。
④ 冷却後の二次汚染に注意し、調理用冷蔵庫等で保管するなど適切な温度管理を行うこと。

注意等
① 加熱、冷却後の食品が汚染されないよう、作業動線に十分配慮する。部屋を区別していない場合は、和え物コーナーなどを作り、人の行き来を最低限にするとともに、他の食品と交差しないようにすること。
② 使い捨て手袋を装着したまま、器具や目的外の食品に触れないこと。

💡 ひとことアドバイス

・食中毒の原因の多くは和え物です。作業工程表、作業動線図を工夫し、調理終了から喫食までの時間を、より短くするとともに二次汚染の防止を徹底します。
・地域の加工所等で製造されたみそについては、殺菌の工程があるかどうかを確認し、殺菌工程がない場合は、加熱して使用するようにします。

（8）寄せ物

> **調理のポイント**

寄せ物を作る場合には、いろいろな凝固剤があります。それぞれの特徴を知り、調理目的や食数（処理量）、季節等を考慮し、凝固剤を選ぶようにしましょう。

表3　凝固剤の種類と特徴

	ゼラチン	寒天	アガー
原料	動物性のコラーゲン	海藻（テングサやオゴノリ等）	海藻（カラギーナン）
長所	寒天やアガーに比べ、とてもなめらかで口溶けがよい。	凝固力が強く常温でも固まるので、夏場でも取り扱いやすい。	常温で固まり、高温でも溶け出さない安定感がある。軟らかく弾力がある。
短所	凝固点が低い（10℃以下）ので、高温では固まらない。冷蔵庫で冷やし固める必要がある。1度固まっても、25℃以上では、溶ける。	透明感やなめらかさに欠け、弾力がなく、硬めでぷるぷるした食感である。	ダマになりやすく、加熱しても溶けないことがある。酸味の強い物は、1度煮立てると固まらなくなることがある。

> **調理技術**

＜オレンジゼリーの作り方（アガーの場合）＞
① アガーと砂糖（できればグラニュー糖）をよく混ぜておく。
② 分量の水に①を入れ、撹拌しながら軽く沸騰するまで加熱し、アガーが溶けたら火を消す。
③ オレンジジュースを少しずつ入れ、撹拌する。
④ 均一に混ざったら、泡をとり、配食する。

アガーと砂糖をよく混ぜておく　　火を消して、ジュースを加える　　1個1個静かに注ぎ分ける

＜よくある失敗例　Q＆A＞

Q1　アガーがきれいに溶けずにダマができてしまいます。どうしたらいいですか。

A1　規定量のアガーと砂糖を粉のままよく混ぜておき、分量の水に入れ、よく撹拌し煮溶かすことがダマを作らないポイントです。

Q2　ぶどうジュースでゼリーを作ったら固まりませんでした。どうしたらいいですか。

A2　アガーと砂糖を煮溶かして、必ず90℃くらいまで温度を上げることです（皿に１滴落として、白いブツブツがなければ完全にアガーが溶けています）。
次に、火を消してジュースを加えます。ジュース（酸味の強いもの）を加えて、沸騰させると凝固力が弱くなります。
また、加えるジュースの量が多い場合は、急激に温度が下がり固まらない場合があります。

衛生管理

① ゼリーカップを並べる配膳台は、アルコールで消毒すること。
② ゼリーカップを取り扱う際は、使い捨て手袋を装着すること。
③ ゼリー液の加熱温度の確認を行い、記録すること。
④ 容器に注ぎ分け、異物や微生物の混入に注意し、必ず蓋をする。
⑤ 粗熱がとれたら、調理用の冷蔵庫で温度管理と確実な保管を行うこと。

注意等
① 加熱後の食品が汚染されないよう、作業動線に十分に配慮し、人の行き来を最低限にするとともに、他の食品と交差しないようにすること。
② 使い捨て手袋を装着したまま、器具や目的外の食品に触れないこと。

💡 ひとことアドバイス

・凝固剤は、メーカーによって作り方や使用量が少しずつ違いますので、説明書をよく確認して作りましょう。
・ゼリー液をカップに注ぎ分ける場合は、注ぎ口のある小鍋や計量カップ（１ℓ程度）を利用すると、液だれを防ぐことができます。

第5章　その他

1　保存食

保存食は、毎日、原材料、加工食品及び調理済み食品を食品ごとに、清潔な容器に50g程度採取し、密封して保存します。

共同調理場の受配校に直接搬入される食品についても、共同調理場で保存します。

保存食の必要性

○ 食中毒事件及びその疑いが発生した場合、発生原因の究明のために、保存食が必要である。
○ 細菌やウイルス検査等を行う際には、50g程度の試料が必要となる。
○ 採取時に他からの二次汚染があると、正確な検査結果が得られないため、必ず清潔な専用の器具を使用して採取する。

採取の仕方

① 保存食は、原材料及び調理済み食品を、食品ごとに、清潔な容器（ビニール袋等）に完全密封して、保存食用の冷凍庫に－20℃以下で2週間以上保存すること。
② 原材料は、洗浄・消毒等は行わないこと。
③ 野菜等で生産地が異なる場合には、生産地ごとに採取し、保存すること。
④ 食品の製造年月日又はロットが異なる場合は、それぞれ採取し、保存すること。
⑤ 卵は全てを割卵して、混合したものから採取し、保存すること。
⑥ 飲用牛乳及び調理用牛乳は、それぞれ別に保存食を取ること。
⑦ 調理済み食品は、使用している食品のすべてが含まれるように、釜別、ロット別に採取し、保存すること。
⑧ 共同調理場の受配校で、主食、牛乳、デザート等が業者より直接、複数の学校に配送され、業者やロットが異なる場合は、共同調理場で業者ごと、ロットごとにまとめて採取し、保存すること。
⑨ 加工食品等で規格の異なる食品は、それぞれ別に採取し、保存すること。
⑩ 続けて保存食を採取する場合は、消毒用アルコールを含ませたペーパーで、包丁を拭いてから採取すること。

第5章　その他

保存の仕方

① 採取後は、常温放置せず直ちに保存食用冷凍庫に保存すること。
② 1日分（1食分）の保存食は、採取日を記入した専用容器やビニール袋等に取りまとめて保存し、記録簿に採取日時と廃棄した日時を記録すること。
③ 児童生徒の栄養指導や盛りつけの目安とする展示食を、保存食と兼用しないこと。
④ 使用水について日常点検で異常を認めたとき、又は残留塩素濃度が基準（0.1mg/L）に満たない場合は、再検査を行い、その上で適と判断した水を使用したときは、使用水1Lを－20℃以下、2週間以上保存食用冷凍庫で保存すること。
⑤ 米（アルファ化米）・麦や塩・砂糖・酢・みりん・しょうゆ・酒・ソース・みそ・こしょう等の調味料は、保存食から除くこと。
⑥ わかめ・干ししいたけ・削り節・昆布・はるさめ・ごま・のり等の常温で保存できる乾物及び缶詰等は、保存食から除くこと。

💡 ひとことアドバイス

レトルト食品（レトルトパウチ食品）は、気密性及び遮光性を有する容器で密封し、加圧加熱殺菌した食品ですので、保存食をとる必要はありません。

密封されていない。

テープで巻いただけで、密封されていない。

ジッパー付きの袋を使用しているが、密封されていない。

保存食採取の悪い例

廃棄部を採取している。

50g程度採取されていない。

2 あったら便利な調理機器

(1) スチームコンベクションオーブン

① スチームコンベクションオーブン（以下：スチコン）の機能

蒸気加熱によるスチーマー機能と熱風を対流させて加熱を行うスチコン機能の両方を兼ね備えた加熱調理機器です。

スチームモード、オーブンモード、さらにスチームを与えながらオーブン加熱が可能な自動加湿オーブンモードにより、いろいろな調理を行うことができます。

※ 機器メーカーにより、モードの名称は異なります。

② スチコンの特徴

ア 蒸す、焼く、煮る調理に加えて、揚げ物や炒め風の調理などいろいろな調理に使える。

イ 温度と時間を正確に確認することができるので、作業の標準化がしやすい。

ウ 食品の中心温度を正確に計測できる芯温センサーがついているので、衛生的に安全な加熱ができる。

エ 釜を用いたゆで物のように、水を捨てる必要がないため、調理場内の温度・湿度管理がしやすく、ドライシステムに適している。

オ ボタン操作で調理できるため、調理時間中は他の作業を行うこともでき、作業効率がよい。

カ 同じモードでの調理であれば、2種類以上の調理を同時に加熱することができるので、効率のよい調理ができる。

キ オーブン庫内を洗浄することができるので、庫内を清潔に保つことができ、衛生的である。

＜ホテルパン＞
・主に炒め物、煮物に使う

＜穴あきホテルパン＞
・主に蒸し物に使う

蒸気をまんべんなく循環させることができる。

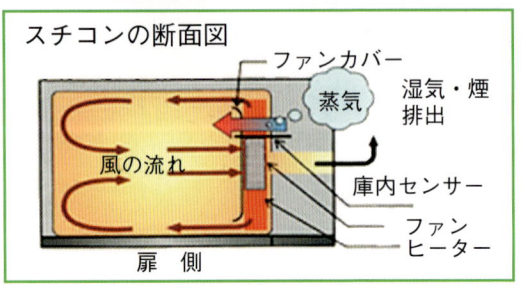

＜焼き皿＞
・主に焼き物に使う

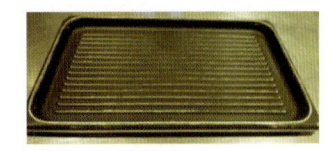

波型加工のものは油切れがよい。

③ スチコンの活用例
　ア　焼く

> 焼物は食品を高温で加熱する調理で、放射熱を直接受ける「直火焼き」と「間接焼き」がある。スチコンは熱風と蒸気を対流させることによって焼く間接焼である。強火（200〜220℃）中火（170〜190℃）、弱火（130〜160℃）を切り替えて調理を行う。

＜スチコン調理のメリット＞
・裏返す必要がなく、均一に焼き上げることができる。
・加湿オーブンモードは、蒸気を含むため熱量が大きく、短時間で調理を行うことができる。
・冷凍魚等は蒸気で素早く調理ができるので歩留まりがよく、冷めても固くなりにくい。

ハンバーグ　　錦糸卵

　イ　揚げる

> 揚げ物は高温の油の中で食品を加熱する調理で、熱伝達は油の対流熱による。
> スチコンでのフライ風の調理は、オイルスプレー等で油を吹きつけたり、食品に油をまぶして焼き上げる。

＜スチコン調理のメリット＞
・フライヤーと比べて少量の油で調理ができる。
・でき上がりが均一である。

オイルスプレーで油を吹きつける　スチコンのオーブンモードで焼く→ヒレカツのでき上がり

　ウ　煮る

> 蒸気と熱風で全体的に加熱をすることで、ホテルパンの中は弱い沸騰状態となる。

＜スチコン調理のメリット＞
・焦げつきや煮くずれが少ない。特にかぼちゃや魚等はきれいな形で煮上がり歩留まりもよい。

鯖味噌煮

　エ　炒める

> 蒸気を対流させることで、食材をまんべんなく加熱する。
> ホテルパンへの食材の並べ方が重要であり、加熱調理後に混ぜ合わせる工程が必要である。

＜スチコン調理のメリット＞
・少量の油で調理ができるため、冷めても料理の味が低下しにくい。
・野菜等は色よく調理を行うことができる。

焼きそば

　オ　蒸す・ゆでる

> スチームモードでは、一般の調理で行う、蒸す、ゆでる等の調理と同様の調理ができる。

(2) 真空冷却機・ブラストチラー

① 加熱調理後の食品の冷却について

食中毒菌等、微生物が増殖する要素は、「栄養、水分、温度」の3つである。

加熱調理後の食品には、この3つの要素がすべて含まれており、微生物が増殖する最適な環境となっている。

そのため、和え物などの加熱調理後に冷却する必要がある食品の場合は、流水や冷却機による冷却を行うことが多いが、微生物の増殖を防ぐには、発育至適温度帯の滞留時間をできるだけ短くすることが重要である。

> ＜学校給食衛生管理基準より抜粋＞
> ・和えもの、サラダ等については、**各食品を調理後速やかに冷却機等で冷却を行った上で**、冷却後の二次汚染に注意し、冷蔵庫等で保管するなど適切な温度管理を行うこと。
> 「第3 1（4）調理課程　① 共通事項)」
>
> ・加熱調理後冷却する必要のある食品については、**冷却機等を用いて温度を下げ**、調理用冷蔵庫で保管し、**食中毒菌等の発育至適温度帯の時間を可能な限り短くすること**。
> 「第3 1（4）調理課程　④ 食品の適切な温度管理等」

② 冷却機使用における衛生管理の留意点

ア　加熱済みの食品を扱う際には、必ず使い捨て手袋を装着して作業を行うこと。

イ　加熱済みの食品をカートで移動させる際には、床からのはね水に注意するとともに、エプロンの裾等が触れないよう注意すること。

ウ　使用前には、芯温センサー格納穴にもアルコールをスプレーして消毒すること。また、使用する食品が替わるごとに、アルコールを浸したペーパータオルでぬぐいながら消毒すること。

エ　冷却機への出し入れや食品の移し替え、脱水等においては、二次汚染に十分気をつけること。

オ　冷却機の洗浄・消毒については、調理場における洗浄・消毒マニュアルPartⅠ p29を参照すること。

エ　脱水機を使用するに当っては脱水機の消毒を完全に行うこと。

③ 冷却機の種類と特徴

冷却機の種類	真空冷却機	ブラストチラー
冷却機の種類	 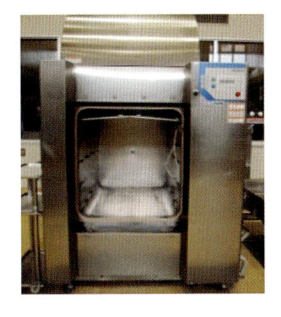	 
特徴	冷却庫内を真空状態にし、食品中の水分が蒸発するときに発生する気化熱を利用して冷却を行う機器。	食品表面にできる暖かい空気の層を、冷風を循環させることによって取り除き、冷却する機器。
特徴	・一度に大量の食品の冷却ができ、空気中の落下細菌等の付着を防ぐことができる。 ・食中毒菌等の発育至適温度帯の滞留時間を短くすることが可能である。 ・芯温センサーによる温度確認を行うことができる。	
特徴	・庫内を真空にするため、短時間で食品を冷却することができ、冷却ムラがない。 ・食品中の水分を蒸発させながら冷却するので、ゆでた食品の水分損失による脱水効果がある。 ・釜で野菜等の食品をゆでた後、衛生的なざるに移し替えて冷却を行う（最新の真空冷却機は、スチームコンベションオーブンと共有する機器もある）。	・冷却に要する時間が比較的長いが、冷却のモードに「ソフト」と「ハード」があり、「ハード」で冷却すると短時間で冷却が可能である。 ・手作りゼリー等の寄せ物の冷却が短時間で可能である。 ・カートをスチームコンベクションオーブンと共有することができるので、野菜等を蒸した後、冷却を行う際に移し替えの必要がない。 ・食品の脱水が必要である。
冷却の流れの例	←野菜等を釜でゆでた後、衛生的なざるにとる 水分を軽く切って、真空冷却機へ入れる→ ←冷却した後、冷却機から取り出す	←野菜等をスチコンで蒸す カートごとブラストチラーに入れ冷却 → ←冷却した後、冷却機から取り出す

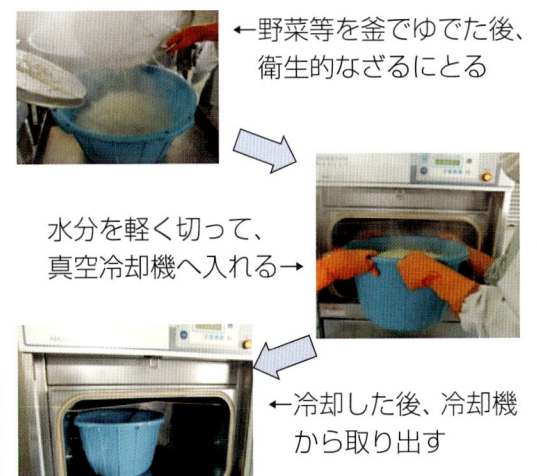

3 調理技術のワンポイントアドバイス

(1) 油揚げの油抜きの方法

　　油揚げや生揚げは、豆腐を切って油で揚げた物です。多めの熱湯で下ゆでをすることで、油臭さが取り除かれるとともに、調味料の吸収がよくなります。油揚げや生揚げを切ってからゆでると、油を切り口から逆に吸収してしまうので、切らずに下ゆでをします。

　　ただし、炊き込みご飯や混ぜご飯のように、油揚げの旨味を生かす料理の場合は、油抜きをせずそのまま使用します。

　　また、生揚げは、調味料が浸透しにくいので、煮物に入れる場合は、薄味で別途煮て下味を付けておきます。

多めの熱湯で、切らずにゆでる。

切ってゆでている。また油揚げの量に比べ、湯の量が少なすぎる。

(2) こんにゃくの下処理の方法

　　こんにゃくの下ごしらえのポイントは、水分をよく抜いて、石灰臭を除くとともに調味料が浸透しやすくすることです。料理に合わせてこんにゃくを切り（又はちぎる）、塩又は塩水（0.3％）で揉みます。その後、多めの熱湯でゆでると、あくの臭いも抜け、おいしいこんにゃくになります。

表面積を広くすると、調味料の浸透がよくなります。

(3) なすの下ごしらえの方法

　　なすの色素は水溶性のアントシアン系のナスニンで、長く煮ると色素が煮汁に溶け出るので、油通しか炒めて表面に油の膜をつくっておくと、色もきれいで煮くずれもしにくくなり、味もよくなります。油処理を行ったときは、調理の最後に加えます。

(4) かぼちゃの下処理の方法

　　かぼちゃを大量に調理する際には、丸のままボイルするか蒸すことで、かぼちゃの表面が軟らかくなり、切りやすくなります。また、切って竹串が通るくらいまで蒸し、料理の最後に（冷まして）入れると、煮くずれもしにくく、見た目にもきれいにでき上がります。

(5) 豆腐のすだちを遅らせる方法

　　豆腐は水分を多く含んでいるので、加熱すると豆腐の中の水分が沸騰したり、にがりによってたんぱく質の凝固が進んだりして「す」がたちます。豆腐を料理に入れる前に煮汁に0.5%程度の食塩を入れておくと、にがりの作用が妨げられて「す」がたつ時間を遅らせることができます。また、麻婆豆腐などは、別の釜で水（0.5%程度の塩水）からゆっくりゆでます。
　　固まらず、すだちもなくなめらかな豆腐になります。
　　また、小さく切った方が、くずれにくくきれいにでき上がります。

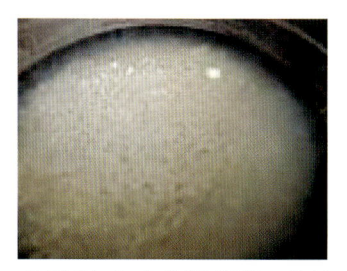

豆腐は小さめに切り、水からゆでておく。

(6) 汁物に魚を使用する場合の処理方法

　　石狩汁等に塩をした魚の切り身を入れるときは、熱湯で湯通しをして使用すると、生臭さや余分な油分がとれ、汁が濁らずきれいにでき上がります。

(7) すいかにひびが入るのを防ぐ方法

　　すいかを切るとき、最初に包丁の先で、すいかの模様に沿って4～5cm間隔に軽く筋を入れ、両端を切り落とすと、すいかにひびが入ることなく、きれいに切ることができます。

(8) 魚を煮るときには「かつおだし」は使わない

　　煮魚はその魚を食べるのが目的なので、かつおだしを使用するとだしの味になってしまい、本来の魚の味が負けてしまいます。

(9) 汁ものの塩味の調味

　　何回も味をみているうちに、本当の味がわからなくなり、塩からい汁ものになってしまう場合があります。これは、特定の味覚を繰り返し味わっていると、味覚細胞はだんだんその味を感じにくくなるという味覚の順応作用によるものです。そのため、ほぼ必要な塩分量を加え、1回味をみたら、あと少量の塩を加えるか加えないかという程度で味が決まるように標準化しておく必要があります。

(10) みそ汁はみそを入れた後、再沸騰させないのはなぜか

　　みそ汁の旨味は、みその適当な粒子によって作られています。
　　みその粒子が大きすぎると、ざらざらした感じがし、小さすぎるとみそ汁の食感がありません。みそ汁を再加熱すると、みその粒子同士が結合して大きな粒子になります。長時間沸騰させても、同じことが起こります。
　　さらに、みその粒子が結合する際に強い吸着力が働き、みそ汁の中にだしの成分として溶けていた物質が、みその粒子に吸着されてしまいますので、旨味がなくなってきます。

(11) 鉄釜でごぼう、れんこん、さといも、おくら、なす等を炒めたり、汁物に入れたりすると、黒ずむことがあるのはなぜか

　　これらの食品には、ポリフェノール類が多く含まれており、鉄釜の鉄イオンと反応すると、黒くなります。体に害があるものではありませんが、見た目がよくないので、できるだけ黒くならないよう、調理目的にあった処理を行うと、色の変化を和らげることができます。

ごぼう	→ 酢水につける	れんこん	→	酢水につける
さといも	→ 下ゆでをする	おくら	→	塩湯でゆでて、冷却をする
なす	→ 皮を剥く、下ゆでをする、油通しをする			

(12) みりんの効果と使い方

　みりんは本来、その香りが非常に大きな効果をもつ調味料です。みりんは、他のものと結合して、そのいやなにおいを消してしまう効果があります。これは、みりんを作る時に使用する「麹」によるものです。

　料理によってみりんを効果的に使うことが大切です。

　煮物にみりんを使用する場合は、基本的にはしょうゆの前に入れますが、照りをつけたい場合は、でき上がりの10分くらい前に入れます。

(13) 酢の種類と味の違い、使い方

　通常使われている食酢は、ほとんどが醸造酢です。

　1年ほどねかせた酒粕に水を加えて浸出し、これにアルコールを加えて酢酸発酵させて作ります。酒粕だけを材料にして作られたものが粕酢、米から麹を作り、それをアルコール発酵させた後、酢にしたものが米酢です。

　りんごの果汁を発酵させて作ったのがりんご酢で、他に、レモンの果汁から作ったレモン酢やだいだいの汁をしぼったポン酢があり、これらはクエン酸です。

　クエン酸は蒸発しにくいですが、酢酸は蒸発しやすい特徴をもっていますので、レモン汁等を加えて加熱しても酸味は薄くなりませんが、普通の酢を加えて加熱すると加熱時間が長くなるほど酸味は薄れます。

　二種類の異なった酢を合わせて使うと、酢の伸びが大変よくなり、風味もよくなります。

(14) こいくちしょうゆとうすくちしょうゆの違い

　こいくちしょうゆとうすくちしょうゆは材料、作り方など非常によく似ていますが、その性質にはかなり違いがあります。こいくちしょうゆは、香り成分、旨味成分ともに強く濃厚です。

　反対に、うすくちしょうゆはこいくちしょうゆより塩分が約2％高く、色、味、香りともにこいくちしょうゆに比べ、ずっと控えめにしています。つまり、こいくちしょうゆは材料のもっているクセを消すような働きがあり、うすくちしょうゆは材料のもっている味を引き立てる働きをします。

第6章　食中毒病因物質の解説

1　ノロウイルス

(1) 性状と特性

　ノロウイルスは、ウイルスの中でも小さく直径30〜40nm前後で球形を呈しています。乾燥・液中で長期間安定であり、4℃では2ヶ月間、20℃では1ヶ月間程度生存可能と考えられています[1]。加熱にも強く、60℃、30分間の処理に安定で、不活化には70℃、5分間、85℃、1分間の加熱が必要と言われています。

　ノロウイルスに対しては次亜塩素酸ナトリウムが有効であり、有機物の少ないところでは200ppm濃度を、有機物の多い（嘔吐物等）ところでは、次亜塩素酸ナトリウムが有機物に消費されるため1000ppm以上を用いることで、短時間で殺滅できます。ノロウイルスは、酸にも強くpH3以下で、アルカリではpH10以上であれば、短時間で感染性を無くすことができます[2]。消毒用アルコールのウイルス不活化効果は少なく、期待できません。

　急性期のノロウイルス感染者には、糞便1gあたり1億個以上、嘔吐物は100万個以上のノロウイルスが存在します[3]。

(2) 食品の汚染実態と食中毒発生状況

　厚生労働省に届けられたノロウイルスによる食中毒事件数は、平成18年が499件で1位、患者数も27,616名で1位でした。平成21年は288件で2位、患者数は10,874名で1位となっています[4]。

　ノロウイルス食中毒は、1事件あたりの患者数が多いことも特徴であり、近年のノロウイルス食中毒患者数は、原因物質別食中毒患者数の約50％程度を占め、ノロウイルスによる食中毒の防止が完全に行われれば、食中毒患者数を半減させることができます。

　平成8〜20年度の学校給食による食中毒の発生は、ノロウイルスが原因物質別の1位で34件発生しています。

　ノロウイルスによる食中毒の原因食材は、カキを含む二枚貝が10年前には30〜35％を占めていましたが、近年では10％以下に減少しています。一方、ノロウイルスに感染した調理従事者（食品取扱者）が、食品を提供する直前に、ウイルスが付着した素手で食品等を取り扱ったことにより起きているものが、80％以上を占めています。調理従事者が手を介して食品を汚染させたものとしては、寿司、刺身、サラダ、和え物、おひたし、まんじゅう、パン、サンドイッチ、うどん（後から加えたねぎ、かつお節）、おかゆ（トッピングとして入れたもの）等があります[5]。

　食中毒は突然起こるものではなく、ノロウイルスに感染している調理従事者が手指を介して食品や調理器具等を汚染することにより、食中毒を起こします。さらに、食中毒患者は、家族、同僚等に多数の二次感染（人—人感染）を起こしています。

(3) 学校給食におけるノロウイルス食中毒の発生数

　学校給食における食中毒は、近年では、ノロウイルスによるものが最も多く、ノロウイルス対策が重要です。平成11年度に6件、12年度に2件、13年度に1件、14年度に6件、15年度に3件、16年度に2件、17年度に3件、18年度に5件、19年度に4件、20年度に2件、21年度に1件起きています。

(4) 潜伏期間

　ノロウイルスは経口感染で、潜伏期間は12〜72時間（通常24〜48時間）です。

(5) 症状

　主症状は嘔気、嘔吐、下痢、腹痛であり、嘔吐は急激に、トイレへ行く時間がないほど突然起こります。その際に腸がひっくり返るような嘔吐が起きるため、腸の内容物が逆流し、ウイルスが吐物中に入り込みます。

　糞便、吐物中にノロウイルスが大量に排出され、ウイルスの排出は治癒後2週間程度続きます。症状は一般的に1～3日続いた後治癒し、後遺症は残りません。

(6) 好発時期

　11～4月に流行しますが、年間を通して発生します。

(7) 予防対策

① 調理従事者の予防対策
- ア　調理前、用便後の手洗いを確実に十分行うこと。また、用便後、手洗いの前にトイレのドアノブ等に触れないこと。
- イ　ノロウイルス汚染の可能性のある二枚貝等の食品は、中心部まで85℃、1分間以上の加熱を行うこと。
- ウ　加熱済みの食品は、素手で扱わないこと。ゆでた野菜を水冷する場合は、特に注意すること。
- エ　調理器具等は、洗浄・消毒を十分に行うこと。
- オ　嘔吐した、あるいはノロウイルス感染者や感染が疑われる児童生徒が使用した食器は、調理室に持ち込む前に、煮沸あるいは次亜塩素酸ナトリウム（200～1,000ppm）で消毒を行うこと。
- カ　ノロウイルスの流行期には、加熱後、冷却し混ぜ合わせを行う和え物等の献立は、避けること。
- キ　ノロウイルス流行期には、可能な限り加熱した食品を食べること。
- ク　家族を含め健康管理に努めること。

② 感染者からの二次感染防止
- ア　感染者の便や嘔吐物に近づかない、触れないこと。
- イ　便や嘔吐物で汚染された衣類等の片付けには、ビニール手袋、マスクを着用すること。
- ウ　便、嘔吐物はペーパータオル等で覆い、次亜塩素酸ナトリウム（1,000ppm）で消毒を行うこと。その際には自身の感染を防ぐため、エプロン、マスク、靴カバー、ビニール手袋を着用して行うこと。
- エ　便、嘔吐物等で汚染された床、トイレのドアノブ等は、次亜塩素酸ナトリウム（1,000ppm）を含ませた布で消毒すること。
- オ　便や嘔吐物に触れた時、処理した後には、手洗いを十分に行う。また、うがいも忘れずに行うこと。

(8) 文献

1) Doultree JC.,Druce JD., Birch CJ., et al. Inactivation of feline calicivirus, a Norwalk virussurrogate.J Hospital Infect.1999, 41:51-57
2) Duizer E.,Bijkerk P.,Rockx B.,et al. Inactivation of caliciviruses. Appl. Environ. Microbiol. 2004, 70:438-4543.
3) 杉枝正明, 新川奈緒美, 大瀬戸光明, 徳竹由美, 山口 卓, 秋山美穂, 西尾治. Norovirus 感染により排泄されるウイルス量について. 臨床とウイルス 2004, 32：189-194.

4）厚生労働省．食中毒統計
　　http://www.mhlw.go.jp/topics/syokuchu/index.html
5）西尾治．ノロウイルスによる食中毒の原因食材．Ａｎｉｍｕｓ 2009 冬，p. 217-221．

2　サルモネラ属菌
(1) 性状と特性

　サルモネラは、腸内細菌科に属する通性嫌気性グラム陰性桿菌です。人から分離されるサルモネラのほとんどは、サルモネラ・エンテリティディスとサルモネラ・ティフィムリウムですが、このほかにサルモネラO18などがあります。サルモネラは乾燥に強いなどの特徴があり、環境中での生存率が高く、二次汚染が起こりやすいという傾向もあります[1]。発症に必要な菌数は、有志者への投与実験から平均10^8～10^9個以上と推定されていますが、実際の事例の調査によると10^1～10^4個と算出されており、小児や高齢者、特に新生児や基礎疾患のある高齢者では、数個の菌でも十分な発症菌量となり得るほど、強い感染力を有しています。

　サルモネラは加熱に弱く、70℃、1分間の加熱で死滅させることができます。

　サルモネラ属菌は自然界に広く生息し、両生類、爬虫類、鳥類、哺乳類が保有しており、ペットや家畜の腸管内で、常在菌として保有されている場合もあります。サルモネラ属菌は、感染動物の体内のみならず、その排泄物を介して、広く自然環境を汚染しているので、家畜、家きん及びヒトへの感染源や感染経路は複雑多岐です。サルモネラ感染症のほとんどは、汚染食品の摂取が原因で、動物性、植物性を問わず、あらゆる種類の食品が原因となり得ます。

　サルモネラ・エンテリティディスによる食中毒は、主として鶏卵を介して発生しており、原因の判明した事例の半数以上は、鶏卵が関与しています。鶏卵の汚染は、サルモネラ・エンテリティディスに感染した鶏から起こり、その汚染形態には、卵殻表面が汚染されている場合と、卵の中が汚染されている場合があります。

　卵の中の汚染には、産卵時に汚染が起こる場合と、卵殻を通過して汚染が起こる場合があります。

　サルモネラ・ティフィムリウムは、本来の宿主であるネズミに、チフス様症状を引き起こすだけでなく、牛、馬、豚、鶏そしてヒトと、広い宿主から分離され、家畜、家きんの感染症として知られています。イヌ、ネコなどの動物や、野生動物も感染します。わが国において、サルモネラ・ティフィムリウムは、牛や豚のサルモネラ症を介して人が感染する、最も高頻度に分離される血清型です。

(2) 食品の汚染実態と食中毒発生状況

　平成11～20年に発表された調査[2]では、9,010検体（1検体は10個の卵をプール）中3検体に、サルモネラ属菌による卵の中の汚染が見られました（汚染率0.03％）。平成4年に行われた大規模な殻付き卵のサルモネラ汚染調査では、24,000個の殻付き卵を検査し、7個がサルモネラ陽性であり、うち6検体がサルモネラ・エンテリティディスであったと報告されています[3]。

　液卵は鶏卵を割卵して卵殻を取り除き、中身だけを集めたものです。殺菌液卵には汚染が認められていませんが、未殺菌液卵については、5％程度にサルモネラ・エンテリティディス汚染が認められています[4]。

　平成20年度と21年度の厚生労働省における食中毒菌汚染実態調査[5]によると、サルモネラ属菌全体でのミンチ肉の汚染率は、牛肉が20年度2.2％・21年度0.9％（以下年度省略）、

豚肉4%・3%、牛豚混合ミンチ肉1.7%・0.9%、鶏42.9%・48%でした。さらに鶏のたたき2%・2%、馬刺し1.3%・0%、加熱加工用牛レバー0.5%・1.4%、牛結着肉0.7%・0.5%と報告されています。平成20年度調査結果では、鶏肉30検体中14検体（46.7%）が、サルモネラ陽性でした。野菜のアルファルファ、かいわれだいこん、カット野菜、きゅうり、みつば、レタス及び漬物野菜からは、平成20、21年度共に検出されていませんが、平成20年度はもやし1件（0.9%）が陽性でした。

平成21年の厚生労働省に報告されたサルモネラによる食中毒は、67事件で患者数は1,518名となっています[6]。原因物質別の事件数では、カンピロバクター、ノロウイルスに次いで3番目に多く、患者数は、ノロウイルス、カンピロバクター、ウェルシュ菌に次いで4番目となっています。

前述したように、サルモネラ属菌は乾燥に強いなどの特徴があるため、環境中での生存率が高く、このため、二次汚染が起こりやすいという傾向があります。平成11年には、乾燥いか菓子を原因とした食中毒も起きています。また、仕出し弁当、給食、宿泊施設等を原因として起こることが多く、1件あたりの患者数が多いのも、本菌による食中毒の特徴です。

サルモネラ食中毒の主な原因食品は、汚染率が最も高い鶏卵及び鶏肉です。また、牛肉、豚肉も原因食品となっています。また、人、動物の糞便あるいは畜産物から直接あるいは間接的に汚染された加工畜産物、野菜、魚肉などによっても、食中毒が起きています。

（3）学校給食におけるサルモネラ食中毒の発生数

平成8〜20年度の、学校給食によるサルモネラ食中毒の発生は、原因物質別の第2位で16件発生しています。

（4）潜伏期間

サルモネラ感染症の潜伏期間は、平均12時間で、個体及び摂取菌数によって異なり、早いもので5時間、遅いもので72時間です。しかし、最近の小児のサルモネラ・エンテリティディス感染症では、3〜4日後の発症も珍しくありません。

（5）症状

下痢は軟便、水様便が多いですが、重症では粘血便が見られることもあります。下痢回数が10回/日以上、血便、強い腹痛、嘔吐を起こします。まれに単なる腸炎で終わらずに、血中に菌が入って敗血症となり、死に至ることもあります。

このようにサルモネラは、他の腸炎感染症よりも症状が重症化することや、症状が長く続く場合があります。

また、発症後の病後保菌者は、排菌期間が長く、発症後3ヶ月経過後も慢性保菌者として、排菌が認められることがありますので、食品取扱者は、無症状であっても十分注意が必要です。

（6）好発時期

7〜10月に多発しますが、年間を通して発生します。

（7）予防対策

① 食肉類、卵などの消費期限表示を確認すること。
② 食肉類、卵などを取り扱う器具、機材は専用とすること。
③ 食肉類、卵などを取り扱う場合には、使い捨て手袋を装着すること。
④ 食肉類、卵などは、10℃以下で低温管理すること。
⑤ サルモネラは70℃、1分間の加熱で死滅させることができるので、食品の加熱は、75℃、1分間以上を確実に行うこと。

⑥　ネズミ、ハエ、ゴキブリ等衛生害虫の駆除を徹底すること。

(8) 文献

1) 田口真澄, 泉谷秀昌. A 細菌感染症 1 Salmonella.
仲西寿男, 丸山務 監修. 食品由来感染症と食品微生物. 2009, 中央法規出版, p.154-191.
2) 食品安全委員会. 健康評価のためのリスクプロファイル～鶏卵中のサルモネラ・エンテリティディス～.
http://www.fsc.go.jp/senmon/biseibutu/risk_profile/salmonellasnteritidis.pdf
3) 村瀬稔. サルモネラ、とくにEnteritidis下痢症の現状. 食品と微生物 1994, 29：81-184．
4) 平成14年度厚生労働科学研究費補助金 食品安全研究事業. 食品製造の高度衛生管理に関する研究 (主任研究者 品川邦汎)：分担研究 液卵製造の高度衛生管理に関する研究（分担研究者 高鳥浩介）：協力研究 工藤由起子 他. 液卵の製造・流通の現状と細菌学的データについて．2003, p.114-138.
5) 厚生労働省. 平成22年度食品の食中毒菌汚染実態調査の結果について.
http://www.hourei.mhlw.go.jp/hourei/doc/tsuchi/T100922I0020.pdf
6) 厚生労働省. 食中毒統計
http://www.mhlw.go.jp/topics/syokuchu/index.html

3　カンピロバクター

(1) 性状と特性

カンピロバクター感染症は、カンピロバクター（Campylobacter）を原因とするものです。

人の下痢症から分離される菌種は、カンピロバクター・ジェジュニ（C. jejuni）が95～99％を占め、その他カンピロバクター・コリ（C. coli）なども下痢症に関与しています。

カンピロバクターは、30℃以下では発育できず、乾燥条件には弱いのですが、低温下では長期間生存可能であり、100個程度と比較的少ない菌量を摂取することにより、感染が成立することが知られている感染力が強い菌です[1]。

カンピロバクターは、多くの健康な家畜、家きん、野生動物の腸管内に広く分布しており、家畜、家きんは、鶏と牛がカンピロバクター・ジェジュニを、豚はカンピロバクター・コリを主に保菌しています[2]。これら保菌動物の中で、人への感染源として最も重要なものは、鶏です。農場での鶏のカンピロバクター保菌率は、鶏の週齢により差が認められており、2～3週齢まではほとんど保菌していませんが、出荷時での保菌率は農場により異なり、0～100％と様々です。感染鶏の多くは、糞便1gあたり10^5～10^6個の菌を保有しています。

鶏への感染源は明らかではありませんが、カンピロバクターが農場に侵入すると、飼料や飲用水などを介して、急速に農場内の鶏に汚染が広がると考えられており、牛については、近年、肝臓や胆管にも、本菌が存在していることが知られています。

カンピロバクター感染症は、発展途上国だけでなく、欧米などでも、非常に多くの発生が認められており、公衆衛生上大きな問題となっています。

(2) 食品の汚染実態と食中毒発生状況

平成20年度と21年度の厚生労働省における食中毒菌汚染実態調査によると、カンピロバクター汚染率は、牛肉が20年度0.7％・21年度0％（以下年度省略）、豚肉0.6％・0％、牛

豚混合ミンチ肉0%・0%、鶏23.5%・30.1%、鶏のたたき20%・11.1%であり、その他、馬刺しが0%・0%、加熱加工用牛レバー8.5%・10.6%、牛結着肉0%・0%と報告されています[3]。また、野菜のアルファルファ、かいわれだいこん、カット野菜、きゅうり、みつば、もやし、レタス及び漬物野菜からは、平成20、21年度ともに検出されませんでした。

カンピロバクターは、本菌に汚染された食品、飲料水の摂取や動物との接触によって人に感染します。

わが国のカンピロバクター食中毒は、他の細菌性食中毒と比較して増加傾向にあり、厚生労働省の食中毒統計によると、過去5年の発生事件数は、細菌性食中毒のなかで最も多く平成21年は345事件、患者数については2,206名とノロウイルスに次いで2番目に多くなっています[4]。

カンピロバクター食中毒の原因食品は、前述したとおり、鶏肉におけるカンピロバクターの汚染が最も高率であることから、鶏レバーやささみなどの刺身、鶏のたたき、鶏わさなどの半生製品、加熱不足の調理品などとともに、生の鶏肉から野菜など他の食品が汚染され、食中毒を起こした事件も、しばしばみられています[5]。その他、牛生レバーが疑われるものも発生しています。

また、欧米では、原因食品として生乳の飲用による事例も多く発生していますが、わが国では、牛乳は加熱殺菌されて流通されており、当該食品による発生例はみられません。この他、わが国では、不十分な殺菌による井戸水、湧水及び簡易水道水を感染源とした水系感染事例が発生しています。

(3) 学校給食におけるカンピロバクター食中毒の発生数

平成8～20年度の、学校給食によるカンピロバクター食中毒の発生は、病因物質別で病原大腸菌とともに第5位で6件発生しています。

(4) 潜伏期間

潜伏期間は2～7日と比較的長く、平均は2～3日です。

(5) 症状

激しい下痢、嘔吐、腹痛、発熱、頭痛、悪寒等の症状を示し、下痢の回数は、数回から10回以上の激しい場合もあります。発熱は38～39℃ですが、40℃以上の高熱をともなうこともあり、まれに、合併症として敗血症、菌血症、髄膜炎、ギラン・バレー症候群（神経麻痺症状）などを起こすことがあります。

(6) 好発時期

5～7月に多発しますが、年間を通して発生します。

(7) 予防対策

① 食肉類、卵などの消費期限表示を確認すること。
② 食肉類、卵などを取り扱う器具、機材は、専用とすること。
③ 食肉類、卵などをを取り扱う場合には、使い捨て手袋を装着すること。
④ 食肉類、卵などは、10℃以下で低温管理すること。
⑤ 生食肉、卵は、調理済みの食品とは別々に保管し、接触を避けること。
⑥ カンピロバクターは70℃、1分間の加熱で死滅させることができるので、食品の加熱は、中心温度75℃、1分間以上を確実に行うこと。

(8) 文献
1) Black R. E., Levine M. M., Clements M. L., Hughes T. P., Blaser M. J.. Experimental Campylobacter jejuni infection in human. J. Infectious Disease. 1988, 57:472-479.
2) 三澤尚明.カンピロバクター属と感染症.
   見上彪 監修．獣医微生物学 第2版．文永堂出版, 2003, p.82-84.
3) 厚生労働省．平成22年度食品の食中毒菌汚染実態調査の結果について.
   http://www.hourei.mhlw.go.jp/hourei/doc/tsuchi/T100922I0020.pdf
4) 厚生労働省．食中毒統計
   http://www.mhlw.go.jp/topics/syokuchu/index.html
5) 食品安全委員会．健康評価のためのリスクプロファイル～鶏肉中のカンピロバクター・ジェジュニ／コリ～.
   http://www.fsc.go.jp/fsciis/meetingMaterial/show/kai20090306bv2

4 ヒスタミン
(1) 性状と特性
　ヒスタミンによる食中毒は、原因物質が化学物質であるため、食中毒統計では、化学性食中毒に分類されています。ヒスチジンを多く含む赤身魚を、常温に放置した結果、ヒスタミン生成菌の酵素（ヒスチジン脱炭酸酵素）により、ヒスチジンからヒスタミンが生成され、それらの魚やその加工品を食べることにより、アレルギー様の食中毒を発症します。

(2) 食品の汚染実態と食中毒発生状況
　赤身魚は、生鮮時から高濃度にヒスタミンを含んでいるわけではなく、赤身魚に付着したモルガネラ（Morganella morganii）などの腸内細菌科の細菌や、フォトバクテリア（Photobacterium damselae）などの、海洋や魚の腸管・体表などにいる細菌が、食材の保存温度が不適切であったり、長期保存することによって増殖し、赤身魚の筋肉中に多量に含まれているヒスチジンを分解して、ヒスタミンを蓄積します。原因食品として赤身魚が多いのは、白身魚のヒスチジン含量が数mg～数十mg/100gであるのに対し、赤身魚は700～1800mg/100gと、非常に多く含んでいるからです。

　一般的にはヒスタミンが100mg/100g以上で発症するとされていますが、食中毒事例からは、大人で22～320mgと報告されています。

　ヒスタミンの生成は低温では抑えられますが、常温放置では急速に生成されます。市販の刺身用まぐろをそのままシャーレに入れ、5、7.5、10、25℃の各温度で放置し、そのヒスタミン生成量を測定した実験によると、5、7.5℃では、ヒスタミンはほとんど生成しませんが、10、25℃では、ヒスタミンを生成しました（図1参照）。

　特に、10℃では、3日目に5例中1例で、ヒスタミン480ppmを生成し、25℃では、2日目に5例中4例で、1000ppmを超えるヒスタミンを生成しました。

　わが国では、まぐろ、かじき、ぶり、さば、いわしなど、ヒスチジンを豊富に含む赤身魚が、ヒスタミン食中毒の原因食品として多くなっています。

(3) 学校給食におけるヒスタミン食中毒の発生数
　平成9～20年度に、学校給食によるヒスタミン食中毒は8件発生しており、原因食品は、「かじき（俗称かじきまぐろ）」によるものが4件、「まぐろ」によるものが4件でした。

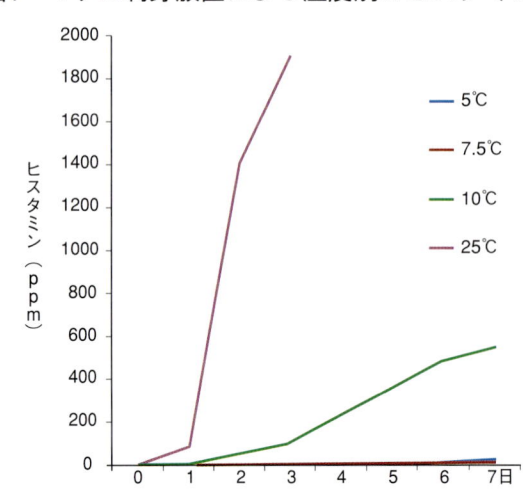

図1 マグロ刺身放置による温度別のヒスタミン生成

※ グラフは、各条件下での5検体の平均測定値を示したもの（図1）[1]

表1　ヒスタミンによる食中毒の発生状況

	12年	13年	14年	15年	16年	17年	18年	19年	20年
発生件数	4	4	6	8	8	10	14	7	22
患者数	154	85	75	218	162	111	165	73	462

内閣府食品安全委員会ホームページ
「食中毒予防のポイント」（平成22年12月1日更新）より

(4) 潜伏期間

喫食後30～60分後です。

(5) 症状

舌のしびれ、顔面(特に口の周りや耳たぶ)の熱感、頭痛、全身紅潮、じんま疹などのアレルギー様症状を呈しますが、症状は比較的軽く、通常は1日で回復します。

(6) 好発時期

年間を通して発生します。

(7) 予防対策

ヒスタミンは、悪臭や食材の見た目の変化を伴わず、しかも加熱によって細菌は死滅しますが、生成されたヒスタミンは分解されないので、食中毒を防止するためには、以下の予防対策が重要です。

① 赤身魚などの流通や保存時の温度管理（納入時の温度や再凍結の有無等）及び鮮度を確認し、検収簿に記録すること。
② 鮮度が悪いものは使用しないこと。
③ 調理場においては、室温での放置を避け、冷蔵庫や冷凍庫で保管すること。
④ 検食などにおいて、唇や舌先にピリピリした刺激を感じた場合は、速やかに給食を中止すること。

(8) 文献

1) 山本雄三, 中原藤正, 橋口玲子, 串間奉文. 市販鮮魚、魚肉加工食品におけるMorganella morganiiの分布ならびに本菌によるヒスタミン産生におよぼす温度と食塩濃度の影響：食品と微生物．1991, 7(3), p.159-165.

5　腸管出血性大腸菌O157

(1) 性状と特性

腸管出血性大腸菌はベロ毒素産生遺伝子を取り込んだ大腸菌で、血清型O157の他にもO

26、O111などがありますが、食中毒の原因のほとんどがO157です。O157は動物の腸管内に生息し、糞尿を介して食品、飲料水を汚染します。25～35℃の条件では、急速に増殖するので、汚染された食品の温度管理が悪い場合、その食品を喫食することで食中毒を引き起こします。腸管出血性大腸菌は当初、他の病原性大腸菌と同様に食中毒菌として扱われていましたが、平成8年に「指定伝染病」となり、平成11年に施行された「感染症の予防及び感染症の患者に対する医療に関する法律（感染症法）」では、3類感染症に類型されました。これはO157が少ない菌数で感染し、腸管内で増殖した後に発病し、人から人への二次感染も起こすためです。

(2) 食品の汚染実態と食中毒発生状況

過去に発生したO157食中毒の原因食品は、日本では、牛肉、牛レバー刺し、ハンバーグ、牛角切りステーキ、牛たたき、しか肉、サラダ、かいわれだいこん、キャベツ、メロン、はくさい漬け、日本そば、シーフードソースなどです。海外では、ハンバーガー、ローストビーフ、アルファルファ、レタス、ほうれんそう、アップルジュースなどです。

腸管出血性大腸菌による食中毒は平成17～21年までに116件発生し、現在もなお全国的に発生が続き、減少傾向はみられていません。

(3) 学校給食におけるO157食中毒の発生状況

平成8年に7件のO157食中毒が発生し、有症者総数は7,178人、5人の児童が死亡しました。なかでも、堺市で発生した事例は有症者数5,499人で、本菌による食中毒ではわが国最大規模でした。この事件をきっかけに、平成9年「学校給食衛生管理の基準（文部省）」が作成されるなど衛生管理が強化されました。平成9年度以降、平成22年度まで、学校給食によるO157食中毒は発生していません。

(4) 潜伏期間

潜伏期間は1～10日と比較的長く、平均は2～3日です。

(5) 症状

激しい腹痛を伴う頻回の水様便にはじまり、まもなく著しい血便となります。発熱は少ないのですが、有症者の6～7％に溶血性尿毒症症候群（HUS）又は脳症などの重症合併症がみられます。合併症は下痢、腹痛などの初発症状の後、数日から2週間後に突然発症するので下痢が治まっても油断できません。発症し重症化しやすいのは子どもと高齢者ですので、特に注意が必要です。

(6) 好発時期

6～10月に多発しますが、年間を通して発生します。

(7) 予防対策

O157は加熱や消毒薬により容易に死滅しますので、通常の食中毒対策を確実に実施することで十分に予防できます。

① 食肉類を取り扱う器具、機材は専用とすること。
② 食肉類を取り扱う場合には専用のエプロンを着け、使い捨て手袋を装着すること。
③ 食肉類は10℃以下で低温管理すること。
④ 食肉類は中心部までよく加熱すること（75℃、1分間以上）。
⑤ 生食肉と調理済みの食品は別々に保管し、接触を避けること。
⑥ 野菜類はよく洗浄し、原則として加熱すること。

第7章　調理技術の問題等により発生したと考えられる食中毒事例

1　ノロウイルス
(1)「アスパラベーコン」の加熱不足等の可能性があったノロウイルス食中毒
①　食中毒発生の概要

発　　生：2007年4月20日
病因物質：ノロウイルス（GI／4型）
原因食品：アスパラベーコン
有 症 者：児童27名

②　発生原因
　小学校は、4月21日（土）14名の保護者から「嘔吐、腹痛及び発熱症状により欠席」との連絡を受理した。その後、出席児童4名が校内で嘔吐したために保健所に連絡し、調査が開始された。
　調査の結果、4月19日の献立の調理済み「アスパラベーコン」と、有症児童4名中4名の便からノロウイルスが検出され、いずれも遺伝子型はGI／4型で一致した。また、有症者の症状が共通で発病日分布が一峰性であり、有症者の共通食が学校給食のみであることから、4月19日の給食に提供された「アスパラベーコン」を原因食品とした食中毒と断定された。

ア　加熱温度が不適切だった可能性
　　本事例では、加熱調理後、直ちに配缶して蓋をしていることから、給食時間までに二次汚染された可能性は低い。一方、加熱しすぎるとベーコンが縮んでしまい味が落ちるなどの理由から、ベーコンを調理工程の最後に加えており、加熱が不十分であった可能性が指摘された。また、加熱確認温度の測定時間が記録されていなかった。

イ　原材料がノロウイルスで汚染されていた可能性
　　本事例では、学校給食調理員3名の健康状況に異常はなく、RT－PCR法による検便も全員陰性であった。一方、保健所の指摘は、ベーコン納入業者（肉屋）の施設は、加工食数に見合った加工設備が整備されていなかったにもかかわらず、納入業者の検便は実施されていなかった。ベーコンは、この肉屋でスライスされたものが納入されていたことから、原材料がノロウイルスで汚染されていた可能性もあった。

(2) 分解洗浄できない脱水機の消毒が十分でない可能性があったノロウイルス食中毒
①　食中毒発生の概要

発　　生：2003年3月11日
病因物質：ノロウイルス
原因食品：不明（3月10日の給食：ごはん、牛乳、肉じゃが、たこマヨサラダ）
有 症 者：生徒54名、教職員4名、幼稚園児7名

②　発生原因
　中学校で調理された給食で、生徒、教職員、幼稚園児が嘔吐、下痢を発症した。

潜伏期間を考慮した喫食調査で、原因食品は3月10日の給食とされた。11日は、3年生はバイキング給食で、1、2年生及び幼稚園児と共通するメニューはあったが、11日の給食を食べていない生徒からも患者が発生しているために、10日の給食とされた。
　10日の給食では、和え物の野菜類の加熱冷却後に分解できない脱水機が使用されており、その事前の消毒については不明である。
　また、本事例では2名の調理員と2名の臨時職員が調理作業に従事していたが、3月10～12日の間に4名中3名が、体調不良のまま調理作業に従事していた。3月11日のバイキング給食日には、4名中2名に異常があり、うち1名は吐き気・嘔吐がありながら調理作業に従事していた。
　なお、本食中毒発生の前後に、近隣地区では感染症が発生していたが、献立内容を変更するなどの検討も行われていなかった。

2　サルモネラ属菌
（1）かき揚げの加熱不足の可能性があったサルモネラ食中毒
①　食中毒発生の概要

発　　生：2003年7月7日
病因物質：サルモネラ・エンテリティディス（SE）
原因食品：かき揚げ
有 症 者：児童72名

②　発生原因
　小学校で、腹痛、下痢、発熱等を発症し、医療機関を受診した児童7名及び探知後に検便を実施した児童22名中7名の便から、SEが検出された。保健所の検査で、保存食の「かき揚げ」からRT-PCR法でSEが検出されたため、7月7日の「かき揚げ」を原因とするサルモネラ食中毒と断定された。本事例は、通常のSE食中毒と比べて、平均潜伏時間が長かった（113時間42分）ことから、感染菌数が少なかったことが示唆された。また、学校給食従事者7名の検便結果はすべて陰性であった。
　「かき揚げ」は、さつまいも、にんじんなどの根菜類を、鶏卵・小麦粉の衣にからめて揚げたもので、加熱不足の可能性が高いとされた。保健所は「かき揚げ」に使用した殻つき鶏卵について、生産から流通経路までの詳細な調査を実施した。平成14～15年に県内で本事例を含む4件のSEによる食中毒が発生しているが、GPセンター（卵の処理P13参照）の特定に至らなかったのは、本事例のみであった。その理由は、納入業者が鶏卵を仕入れた卸問屋が、鶏卵を再包装しており、その際にGPセンターを特定する記録をしていなかったためである。
　食品の取扱いが良好で、衛生上十分に信用のおける業者であるか等について確認し、また、生産者から調理場までの流通経路が把握できるように食材選定を行うことが求められる。
　本事例は、かき揚げに使用された鶏卵からのサルモネラ汚染が推察されたが、調理場では、鶏卵等、一部の原材料の保存食が採取されていなかった。
　また、この調理場では中心温度計の取扱いに、衛生管理の視点が欠けていた。かき揚げの加熱温度を確認する中心温度計が、加熱前のかき揚げの材料を載せた作業台に置かれていたこと、中心温度計のコードが食品に接触するなど、中心温度計を介して加熱後のかき揚げを二次汚染した可能性も否定できなかった。

（2）やきそばの加熱不足の可能性があったサルモネラ食中毒
① 食中毒発生の概要

発　　生：1998年11月20日
病因物質：サルモネラ・エンテリティディス（SE）
原因食品：やきそば
有 症 者：児童199名、教職員5名

② 発生原因

　本事例は、通常3釜で行う炒め調理作業を2釜で行ったために、加熱調理が不十分であったことが原因と推察された。調理後の「やきそば」の保存食からSEが検出されたが、原材料からはSEが検出されなかった。本事例では、「やきそば」に使用した豚肉は保存食として採取されておらず、食中毒の原因究明に支障を来した。
　繰り返し行っている調理だからと油断することなく、作業工程表を作成し、確実に温度確認していれば、食中毒は避けられたと思われる。

（3）パンの二次加工を素手で行ったことが原因と推察されたサルモネラ食中毒
① 食中毒発生の概要

発　　生：2004年9月7日
病因物質：サルモネラO18
原因食品：バーガー用パン
有 症 者：児童生徒155名

② 発生原因

　9月7日、3小学校及び2中学校で発生。保健センターに、児童生徒約20名が食中毒様症状を呈し、医療機関を受診しているとの連絡があり、調査を開始した。調査の結果、有症者41名中28名からサルモネラO18が検出され、さらに6日の保存食のパンからも、サルモネラO18が検出され、食中毒と断定された。
　本事例では、焼きあがったパンに切れ目を入れる二次加工をパン委託加工業者が行ったが、作業は一人の担当従事者が素手で行っており、手を介してバーガー用パンがサルモネラに汚染されたと推察された。

3　カンピロバクター
（1）不適切な作業動線により発生した可能性があったカンピロバクター食中毒
① 食中毒発生の概要

発　　生：2005年11月11日
病因物質：カンピロバクター
原因食品：不明（11月11日の給食：食パン、牛乳、エッグサンド、ワンタンスープ）
有 症 者：児童94名、教職員1名

② 発生原因

　11月14日、小学校で、発熱、下痢、嘔吐等の症状による欠席児童54名、早退者16名を確認した。本事例では、保存食の鶏肉からカンピロバクターが検出されたが、調理後の保存食からは検出されなかった。しかし、有症児童50名中25名の便からカンピロバクターが検出さ

れたこと、有症者の発症時期が同一であること、11日の給食を食べていない4年生及び同一業者から同一食品を納入している他の学校には発症者がいないことから、小学校調理場で調理した学校給食が原因と断定された。

当日の調理作業では、扇風機で放冷しているエッグサンドのゆでポテトのすぐ横を、廃棄する鶏肉の包装材料や鶏肉を扱った使い捨て手袋、鶏肉を入れた容器が通る動線であったことから、鶏肉のドリップがポテトを汚染したことにより、食中毒が発生したと推定された。

本事例は作業動線図が作成されておらず、これが適切に作成されていれば防げた食中毒と考えられる。

なお、当該施設には施設・設備の不備（給水栓が手回し式、下処理室手洗い設備及び3槽シンクがない）、ドライ運用がされていない等の問題点も指摘された。

(2) 床からの跳ね水による二次汚染の可能性があった食中毒

① 食中毒発生の概要

発　　生：1999年9月23日
病因物質：カンピロバクター
原因食品：不明
有症者：児童149名

② 発生原因

本事例は、保存食から食中毒菌は検出されなかったが、有症者の発症状況と有症者の便からカンピロバクターが検出されたため、学校給食を原因とする食中毒と断定された。

75℃、1分間以上の加熱調理が確認されていたことから、加熱後放冷して喫食されるまでの間に、何らかの原因で食品が二次汚染された可能性が推測された。この調理場では、排水溝のすぐ上の低い位置で加熱した野菜の流水冷却が行われており、床からの跳ね水による二次汚染の可能性があったこと、エプロンを作業別に使い分けしていなかったことなどが問題点として指摘された。

4　ヒスタミン

(1) 温度管理が不十分な可能性があったヒスタミン食中毒

① 食中毒発生の概要

発　　生：1999年11月8日
病因物質：ヒスタミン
原因食品：かじきまぐろのフライ
有症者：児童34名、教職員2名

② 発生原因

給食に提供されたかじきまぐろのフライを食べた児童及び教職員が、喫食後30分経てから、顔面紅潮・頭痛・発熱等を訴えた。有症者は1日を経てほとんどが回復した一過性のものであった。

食材の冷凍かじきまぐろは、調理当日6時30分に無人の学校に納入され、そのまま常温放置されていた。50分後に出勤した学校給食調理員により検収され、専用容器に移し替えられたが、全部を揚げ終わる時間まで、調理室内の食器洗浄機と熱風保管庫の間で自然解凍されていたため、ヒスタミンの生成が進んだものと推察された。

この事例では、かじきまぐろのフライの保存食1検体から100g中139mgのヒスタミンが検出された。原材料からヒスタミンは検出されなかったものの、使用されたかじきまぐろは、通常は佃煮用として加工されるもので、原材料にヒスタミン生成が起こり始めていた可能性もあった。

（2）調理過程でヒスタミンが生成された可能性があった食中毒

① 食中毒発生の概要

発　　生：2006年9月13日
病因物質：ヒスタミン
原因食品：かじきまぐろの照り焼き
有症者：児童33名

② 発生原因

小学校において、学校給食を喫食した約30分後、各学年にわたって計19名の児童が、かゆみ、発疹、頭痛などの症状を訴えた。市教育委員会は学校給食が原因であることを疑い、共通の食材を使用していた他校に異常の有無を確認したところ、中学校生徒1名のみの発症が判明した。

保健所の聴き取り調査、有症者及び調理従事者の検便、調理場内拭取り検査、保存食検査を行ったところ、原材料の保存食からヒスタミンは検出されず、小学校で調理された「かじきまぐろの照り焼き」の保存食から649mg／100g、中学校の調理済み保存食からは1.3mg／100gのヒスタミンが検出された。

以上から、本事例は、小学校で調理した「かじきまぐろの照り焼き」による食中毒と断定された。しかし本事例において、調理工程の温度管理は、①食中毒発生前日の12日8時30分、検収後直ちに−20℃の冷凍庫に保管されるとともに、②13日9時40分頃から3回に小分けして冷凍庫から出し、冷凍状態のまま180℃の油で揚げており、調理場内で温度管理の不徹底はなかったとされている。

5　腸管出血性大腸菌O157

（1）二次汚染、加熱不足、室温放置などが原因と考えられたO157食中毒

① 食中毒発生の概要

発　　生：1996年9月20日
病因物質：腸管出血性大腸菌O157
原因食品：サラダ及びシーフードソース
有症者：児童208名　教職員7名

② 発生原因

本事例は、腸管出血性大腸菌O157が伝染病予防法の指定伝染病（現感染症法の3類腸管出血性大腸菌O157感染症）に指定されて以来、初めての集団発生であった。

9月26日、学校医を通じて病院に入院中の児童から、腸管出血性大腸菌O157が検出されたと学校に連絡があった。厚生省が設置した「原因究明専門家検討会議」による調査ならびに検査が行われ、原因は学校給食で提供された「サラダ」及び「シーフードソース」と断定された。文部省（当時）では「調査研究協力者会議」メンバーによる現地調査を実施し、発生要因を究明した。その結果、①調理過程において加熱後の食品を入れたザルを、直接床に置

いたこと等により食品に菌（Ｏ157）が付着、②食品に付着した菌がシンクの共用により拡散、③さらに食品の加熱不足及び室温放置等により食品中で菌が増殖したことなどが考えられた。

また、調理室内にＯ157が持ち込まれた要因として考えられたのは、①汚染作業区域と非汚染作業区域が区別されていない、②食材納入業者が外部の履物のまま施設内に出入りしていた、③食材運搬台車が検収室と調理室を行き来していたことなど、衛生管理の不備が指摘された。

※ 学校給食ではないが、注意すべき食中毒
ハンギングテンダーを原材料とする角切りステーキによるＯ157食中毒

① 食中毒発生の概要

発　　生：2009年8月17〜9月14日
病因物質：腸管出血性大腸菌Ｏ157
原因食品：角切りステーキ
有 症 者：20名
保 菌 者：4名（うち従業員3名）
発生施設：ステーキ店（埼玉県）

② 発生原因

平成21年、関東近県でチェーン展開するステーキ店で、腸管出血性大腸菌Ｏ157による患者発生が相次いだ。埼玉県に届けられた患者20名は、平成21年8月17〜9月14日に発症しており、そのうち11名が9月1〜4日の間に発症していた。

また、利用店舗は11店舗で、6店舗では患者の報告が複数あったが、残り5店舗では1名ずつであった。保健所による喫食状況等の詳細な疫学情報が得られた患者16名は、ハンギングテンダーを原材料とする角切りステーキ等を喫食していた。

当該チェーン店の本社工場において、加工日ごとに保存されていた原材料を検査したところ、8月9日加工分の肉からＯ157が分離された。本事例はこのチェーン店内の何らかの要因により発生したと考えられた。しかし、分離株の遺伝子型が複数認められたことや、原料肉の原産国や仕入れ日と患者の発生状況が必ずしも一致しないことなどから、複数の要因が関わっていることが示唆された。

軟化剤等の漬け込みにより、病原微生物が内部に拡大する恐れのある処理を行った食肉やひき肉調理品では、中心温度75℃、1分間の加熱調理を徹底すべきである。

6　その他の要因
(1) 給食に提供された非加熱の食品が原因と考えられた食中毒

① 食中毒発生の概要

発　　生：2000年9月11日
病因物質：不明
原因食品：不明
有 症 者：児童生徒236名、教職員2名

② 発生原因

本事例は、小中学校を受配校とする12,800食の大型共同調理場から供給された学校給食が原因と推定される下痢・腹痛の症状が中心の食中毒である。保存食、飲料水、有症者便、調

理施設、調理器具等からは、食中毒の原因となる病因物質は検出されず原因不明とされた。しかし、以下の衛生管理に関する問題点が指摘された。

ア　裁断した野菜類が、低いすのこに載せられており、床からの跳ね水による汚染の可能性があった。

イ　海藻サラダの海藻は、ぬるま湯で戻すだけで、加熱調理はされていなかった。

ウ　「冷や奴」が献立に取り入れられていたが、豆腐は業者から直接受配校に納入され、非加熱で給食する食材であるにも関わらず、検収が行われず、保存食も採取されていなかった。

エ　小、中学校30校の給食は3献立、2回転調理がされているが、1回目は9時30分に調理・配缶し10時出発となっており、調理後2時間以内の喫食が守られていなかった。

オ　野菜の下処理が前日に行われていた。

カ　保存食の「中華和え」から、多数のサイトロバクター（大腸菌群の一種）が検出されていることから、食品中で細菌が増殖していた可能性があった。

※ 食中毒は発生していないが衛生管理に配慮した献立作成の必要が指摘された例

①　概要

　平成10年度に実施した学校給食調理場の実態調査で、献立の組み合わせに問題があると指摘された事例がある。この事例は、実態調査当日の献立に、カキのチャウダーとコールスローサラダが組み合わされていたもので、拭き取り検査の結果、カキチャウダーに使用された生ガキの洗浄水から大腸菌が検出された。カキのチャウダーには、生ガキが食材として使用されており、和え物のコールスローサラダと組み合わせることは、作業工程上、二次汚染に繋がる可能性がある。

　生ガキなどの二枚貝類はノロウイルス等を保有している可能性もあるため、調理過程における二次汚染の防止や食材の十分な加熱に留意する必要がある。

　献立作成にあたっては、食中毒発生状況を十分考慮し、給食に使用する食材の選択について配慮する必要があるとともに、調理過程における二次汚染の可能性が高い食材を使用する場合は、使用時期、献立の組み合わせ、調理法等に配慮する必要がある。

<参考>

表1　学校給食における原因菌等別食中毒発生状況（平成8〜21年度）

原因菌等		H8	H9	H10	H11	H12	H13	H14	H15	H16	H17	H18	H19	H20	H21	計	率(%)	人数(人)	率(%)
1	ノロウイルス	0	0	0	6	2	1	6	3	2	3	5	4	2	1	35	38.0	6,228	22.8
2	サルモネラ属菌	5	4	1	1	1	2	0	1	1	0	0	0	0	0	16	17.4	6,722	24.7
3	ヒスタミン	0	2	1	1	0	0	0	0	0	1	0	3	0	0	8	8.7	657	2.4
4	腸管出血性大腸菌O157	7	0	0	0	0	0	0	0	0	0	0	0	0	0	7	7.6	7,178	26.3
5	病原大腸菌（O157以外）	2	1	1	0	0	1	0	0	0	0	0	1	0	0	6	6.5	2,619	9.6
6	カンピロバクター	1	1	1	1	0	0	0	0	0	1	0	0	1	0	6	6.5	1,254	4.6
	その他（不明含む）	3	2	3	1	1	2	0	1	1	0	0	0	0	0	14	15.3	2,611	9.6
	計	18	10	7	10	4	6	6	5	4	4	6	5	6	1	92	100	27,269	100

<参考文献>

1. 殿塚婦美子 著編. 改訂新版 大量調理－品質管理と調理の実際－. 学建書院, 2006.
2. 杉田浩一. 新装版「こつ」の科学〜調理の疑問に答える〜. 柴田書店, 2006.
3. 山崎清子, 渋川祥子, 島田キミエ, 下村道子 共著. 新版 調理と理論. 同文書院, 2003.
4. 杉田浩一, 比護和子, 畑耕一郎 共著. 日本料理のコツ. 学習研究社, 1995.
5. 大羽和子, 和田治子, 渕上倫子, 佐々木敦子, 西崎純代, 大倉聖子 共著. 調理学実習. ナカニシヤ出版, 1991.
6. 島田淳子, 畑江敬子, 中沢文子 共編. 調理の基礎と科学. 朝倉書店, 1993.
7. 河野友美 著. 調理のポイント. 全国学校給食協会, 1987.
8. 国立感染症研究所感染症情報センター. IASR Vol.31 No.6（No.364）June 2010.

調理場における衛生管理＆調理技術マニュアル　作成協力者（五十音順）

◎：座長　　○：座長代理

♣ 学校給食における衛生管理の改善・充実に関する調査研究協力者会議委員

	伊藤　武	財団法人東京顕微鏡院理事
	江口　佳也乃	長崎県教育庁体育保健課指導主事
	甲斐　明美	東京都健康安全研究センター微生物部長
	春日　文子	国立医薬品食品衛生研究所食品衛生管理部第三室室長
	塩﨑　泰乃	静岡県教育委員会学校教育課健康・安全班指導主事
	勢戸　祥介	公立大学法人大阪府立大学大学院生命環境科学研究科獣医環境科学分野感染症制御学講座准教授
	寺嶋　淳	国立感染症研究所細菌第1部第1室室長
○	中村　明子	東京医科大学兼任教授
	西尾　治	愛知医科大学客員教授
	馬場　錬成	東京理科大学知的財産専門職大学院教授、科学ジャーナリスト
◎	丸山　務	前麻布大学教授
	守田　真里子	熊本市立託麻中学校栄養教諭

♣ 学校給食における衛生管理の改善・充実に関する調査研究協力者会議
　マニュアル作成ワーキンググループ委員

	江口　佳也乃	長崎県教育庁体育保健課指導主事
	小林　秀明	社団法人日本厨房工業会会員
	塩﨑　泰乃	静岡県教育委員会学校教育課健康・安全班指導主事
	重松　裕恵	津山市立高野小学校学校栄養主幹
	諏佐　恭子	独立行政法人日本スポーツ振興センター学校安全部食の安全課専門職
	土屋　久美	本宮市立本宮第二中学校栄養教諭
	土谷　政代	豊後高田市立真玉中学校栄養教諭
	登坂　三紀夫	和洋女子大学准教授
	殿塚　婦美子	女子栄養大学名誉教授
◎	中村　明子	東京医科大学兼任教授
○	西尾　治	愛知医科大学客員教授
	村上　祥子	料理研究家
	守田　真里子	熊本市立託麻中学校栄養教諭
	山本　五十六	日本学校調理師会会長

なお、文部科学省においては、次の者が本書の編集に当たった。

　　　田中　延子　　　　　スポーツ・青少年局学校健康教育課学校給食調査官

調理場における衛生管理＆調理技術マニュアル

平成23年9月1日	第1版第1刷発行
平成25年1月10日	第1版第2刷発行
平成27年3月20日	第1版第3刷発行
平成30年9月1日	第1版第4刷発行

著作権所有　　文部科学省
発　行　者　　木村　勝子
発　行　所　　株式会社 学建書院

〒113-0033　東京都文京区本郷2-13-13　本郷七番館1F
TEL (03) 3816-3888
FAX (03) 3814-6679
http://www.gakkenshoin.co.jp

印刷製本 シナノ印刷(株)

ISBN978-4-7624-0878-6